Dedicatória:

Para todos os leitores deste ebook

É com imensa alegria e carinho que compartilho com vocês esta obra, "Colorindo, Lendo e Escrevendo". Que estas páginas sejam um convite para explorar um universo de cores, histórias e criatividade.

Que cada traço de cor inspire alegria, cada palavra escrita desperte a imaginação e cada página virada seja uma descoberta emocionante. Que este ebook seja uma porta aberta para o mundo da leitura e da escrita, onde cada leitor possa encontrar momentos mágicos de aprendizado e diversão.

Que estas experiências incentivem a curiosidade, fortaleçam os sonhos e cultivem o amor pela linguagem escrita. Que cada um de vocês se sinta inspirado e capacitado para colorir o mundo com suas próprias ideias e histórias.

Com todo o meu carinho,

Elielson da Silva Aves

2024

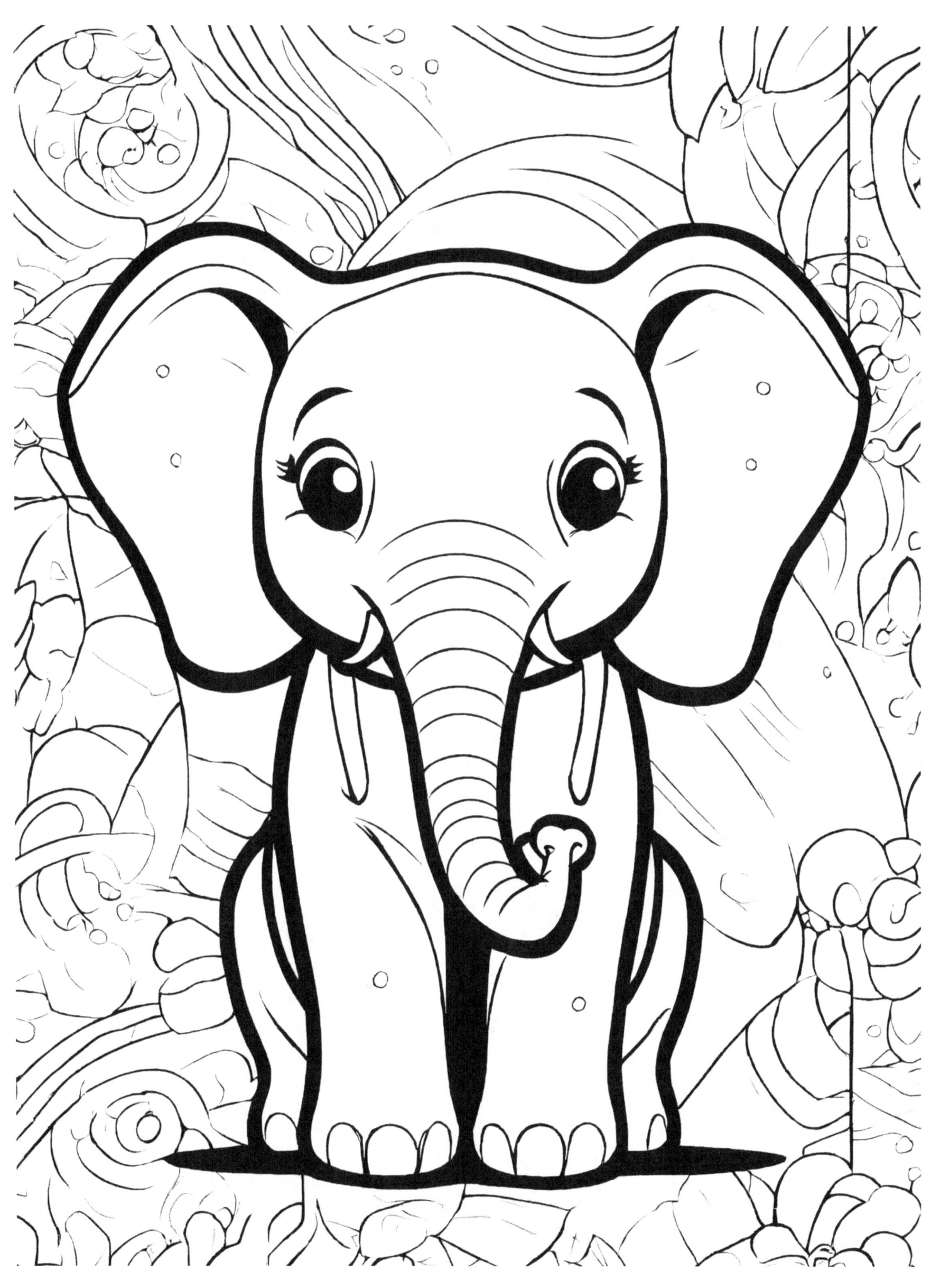

ELEFANTE

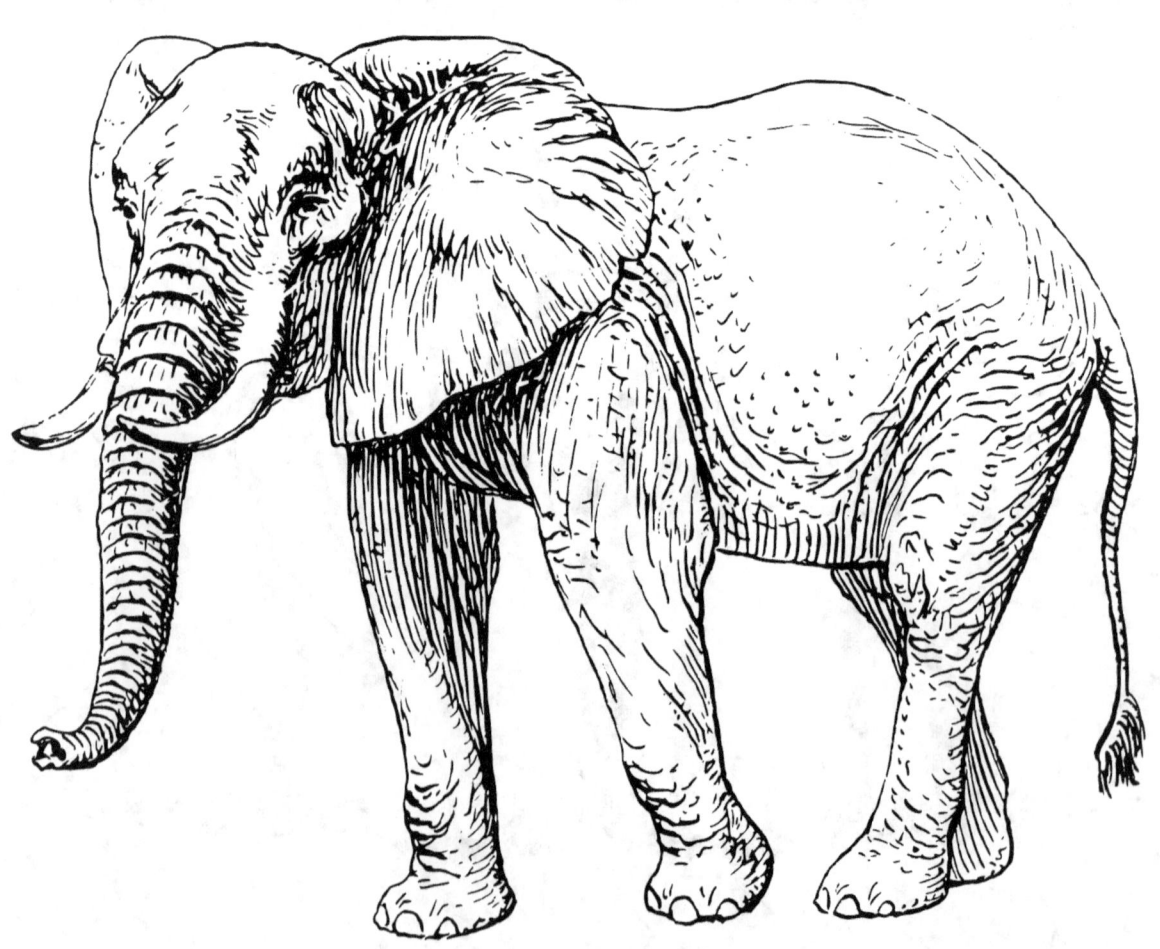

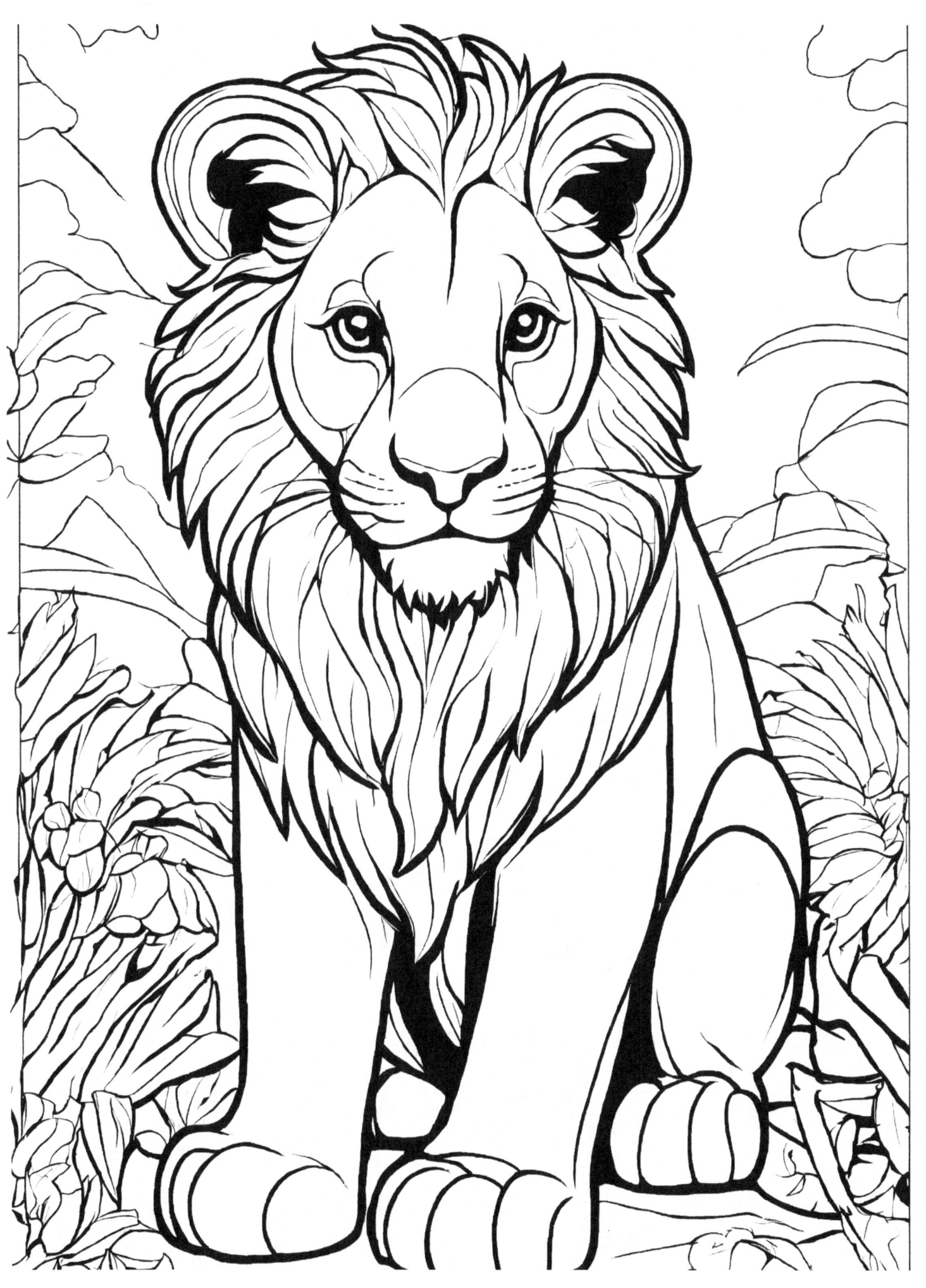

LEÃO

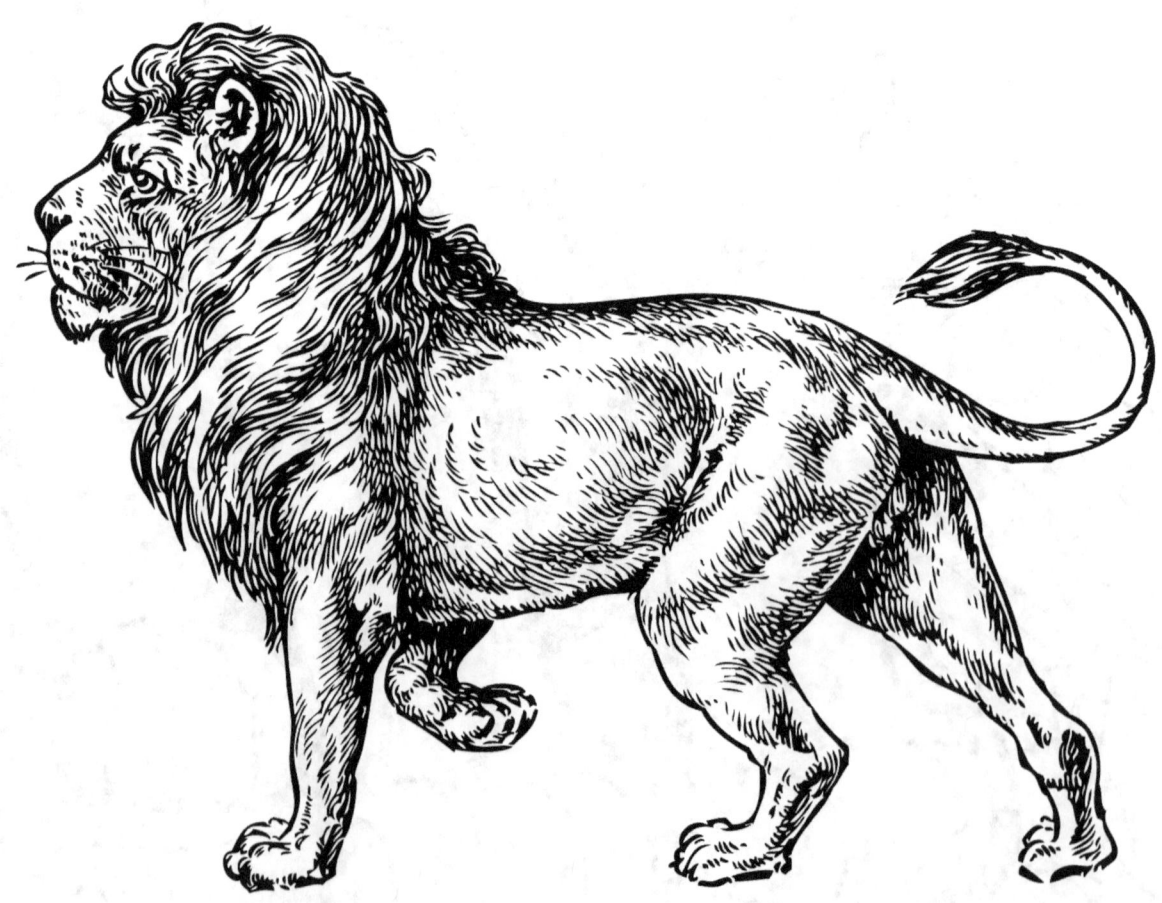

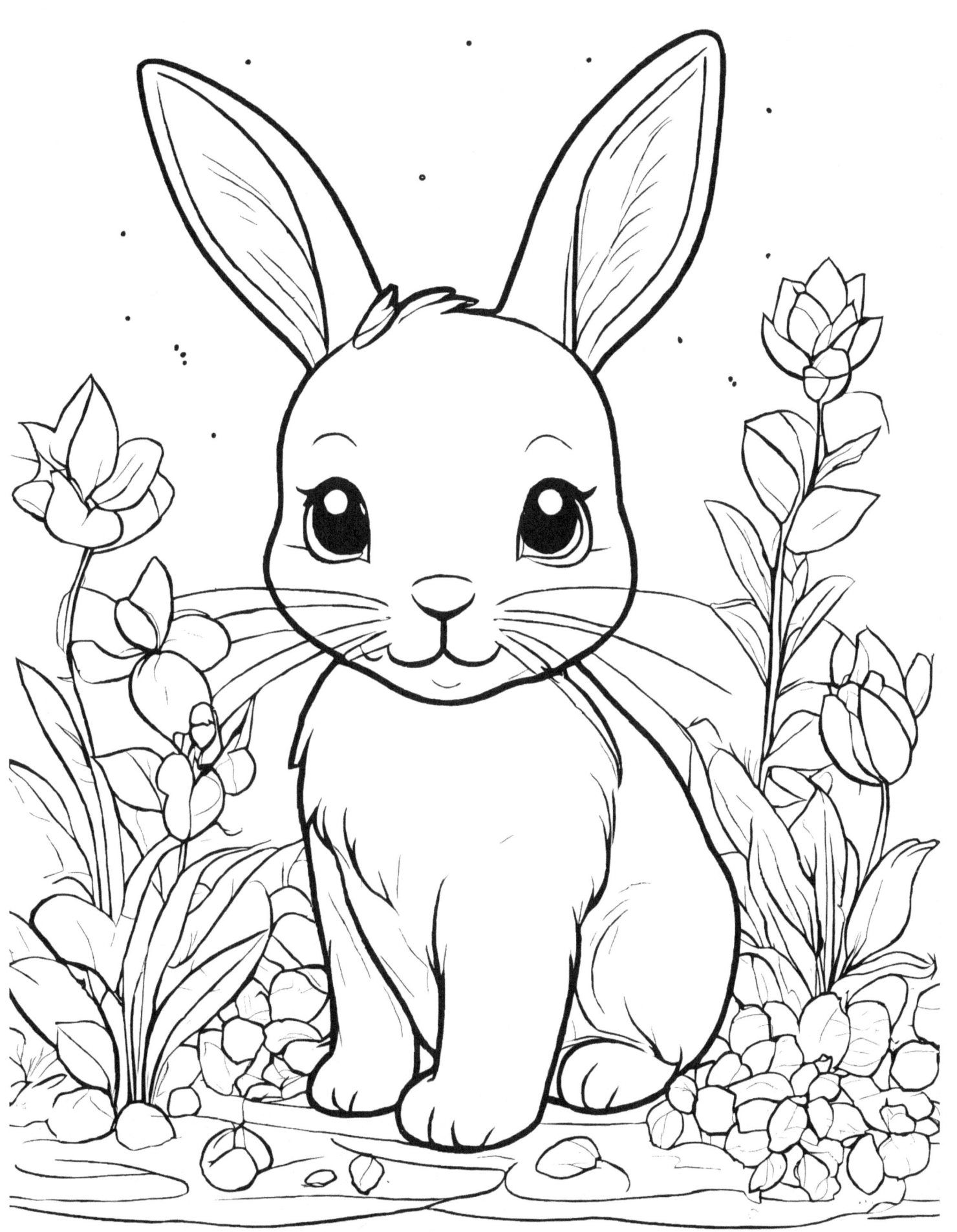

COELHO

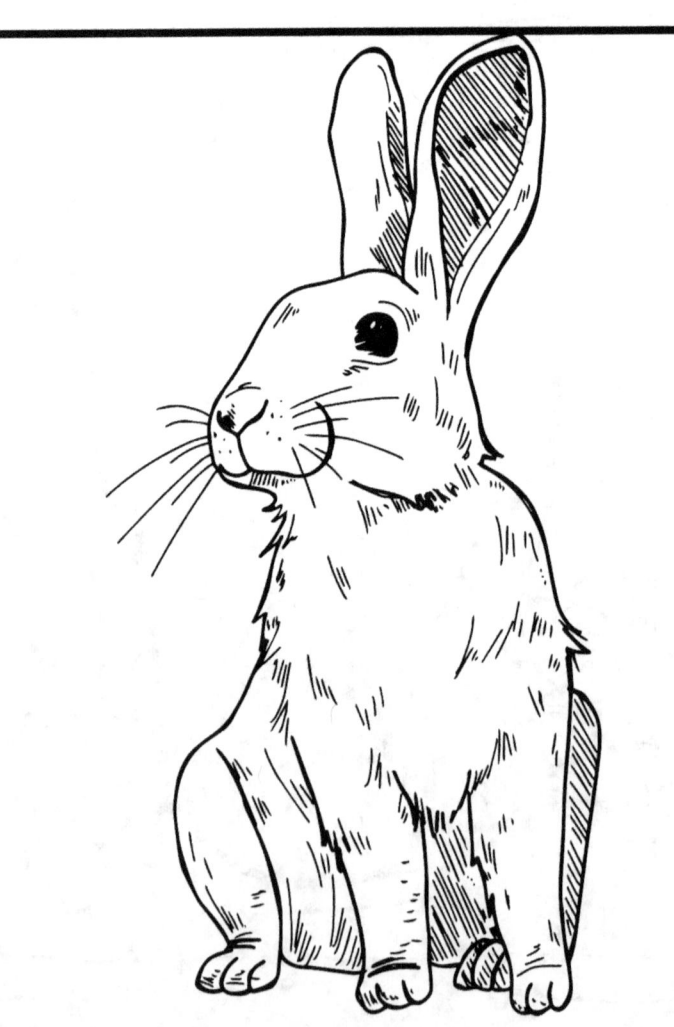

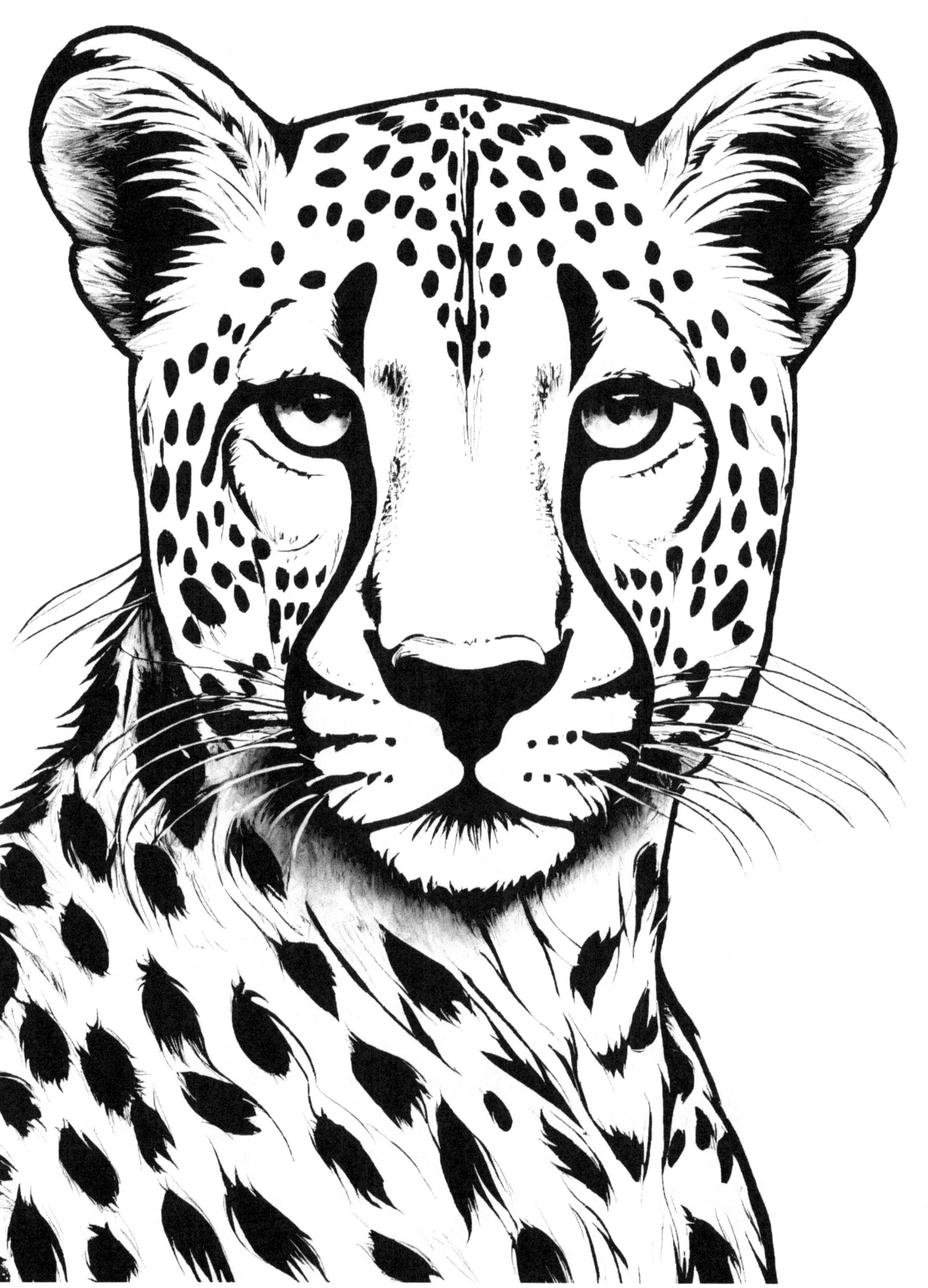

ONÇA PINTADA

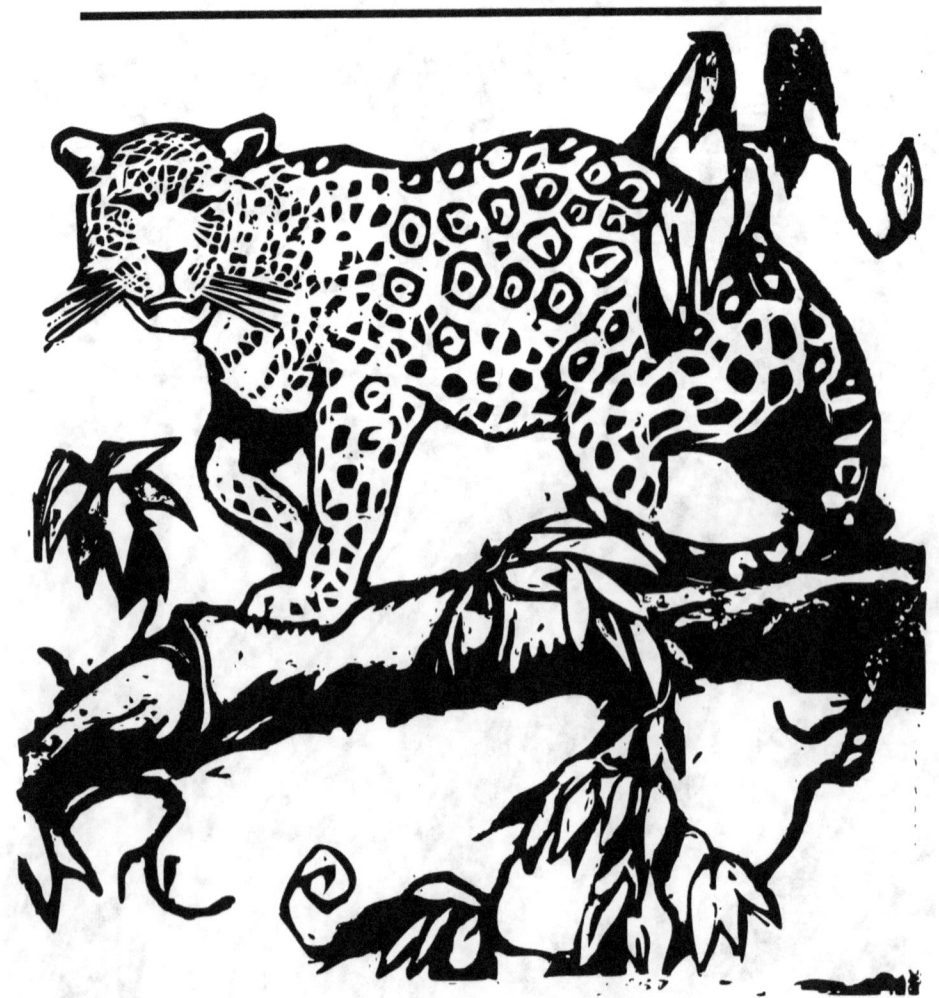

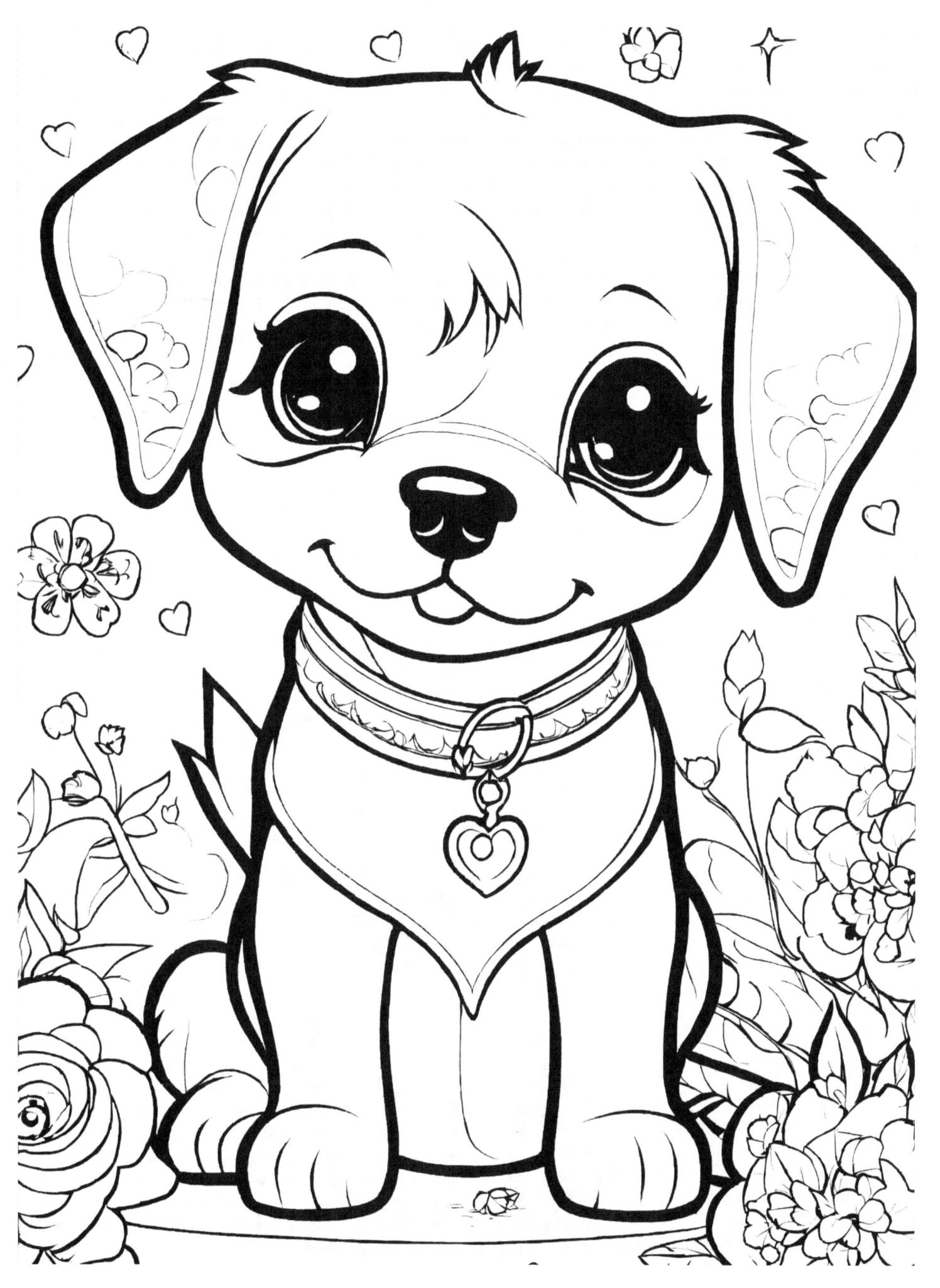

CACHORRO

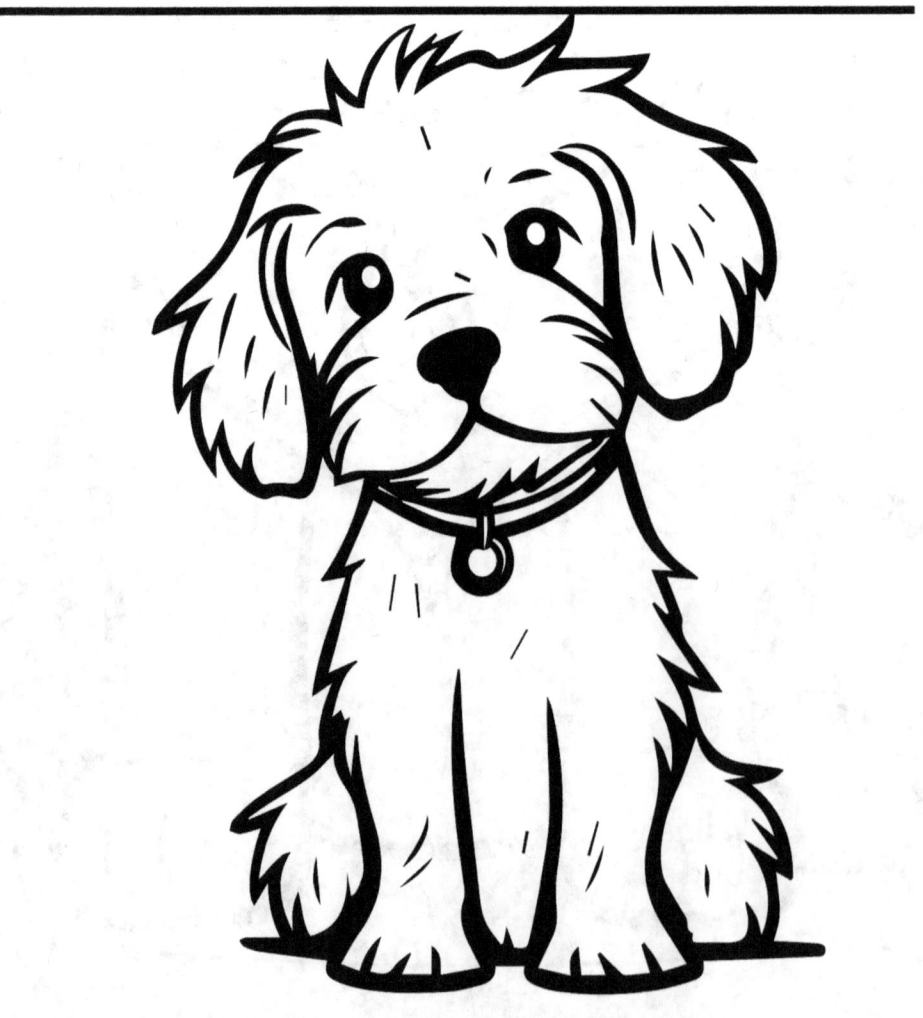

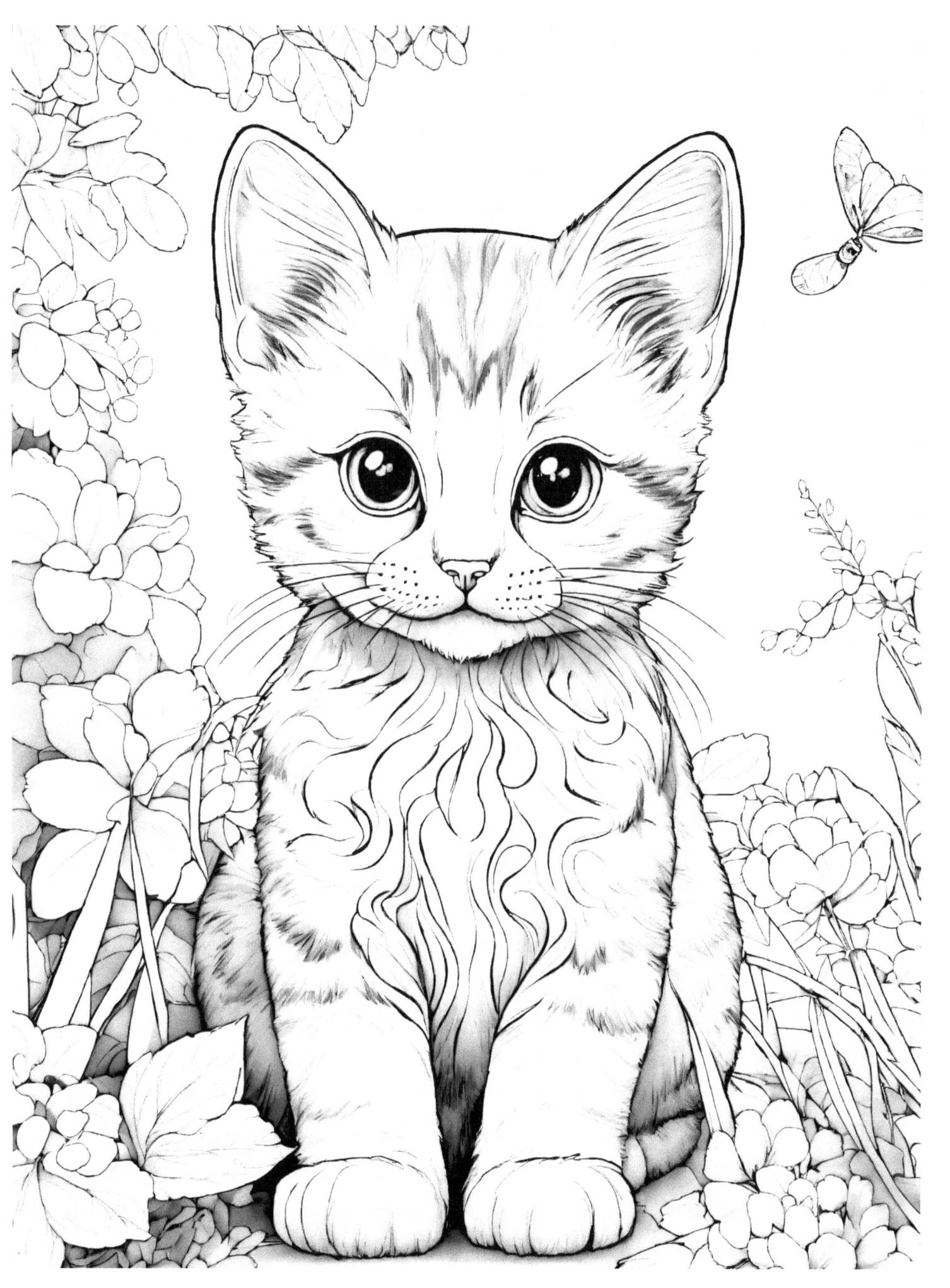

GATO

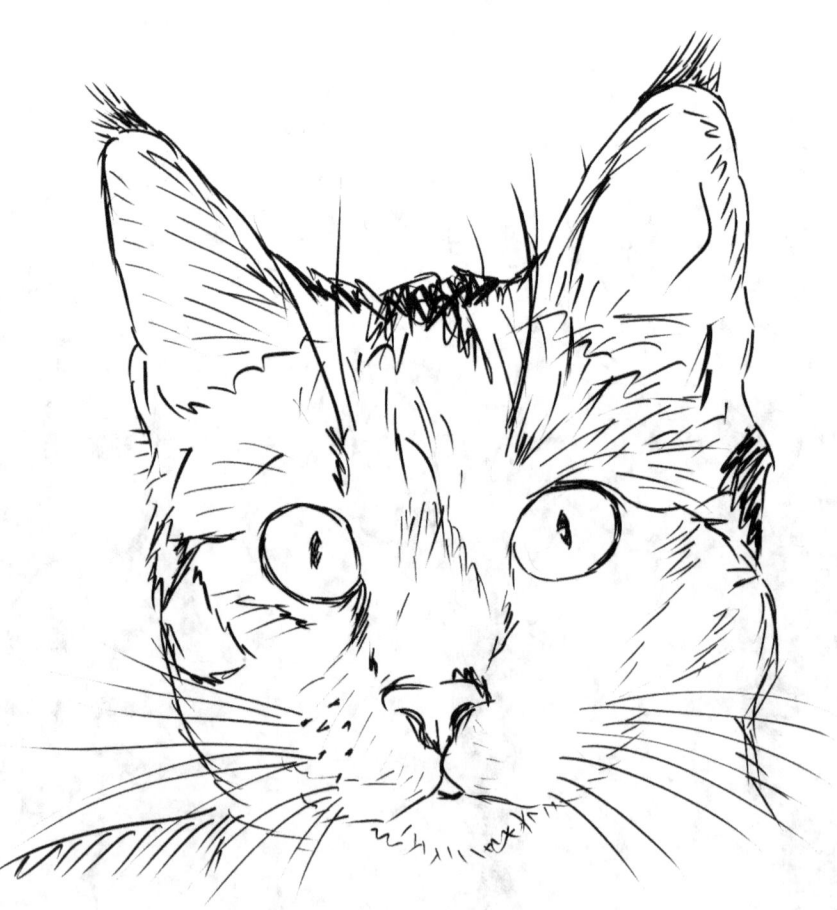

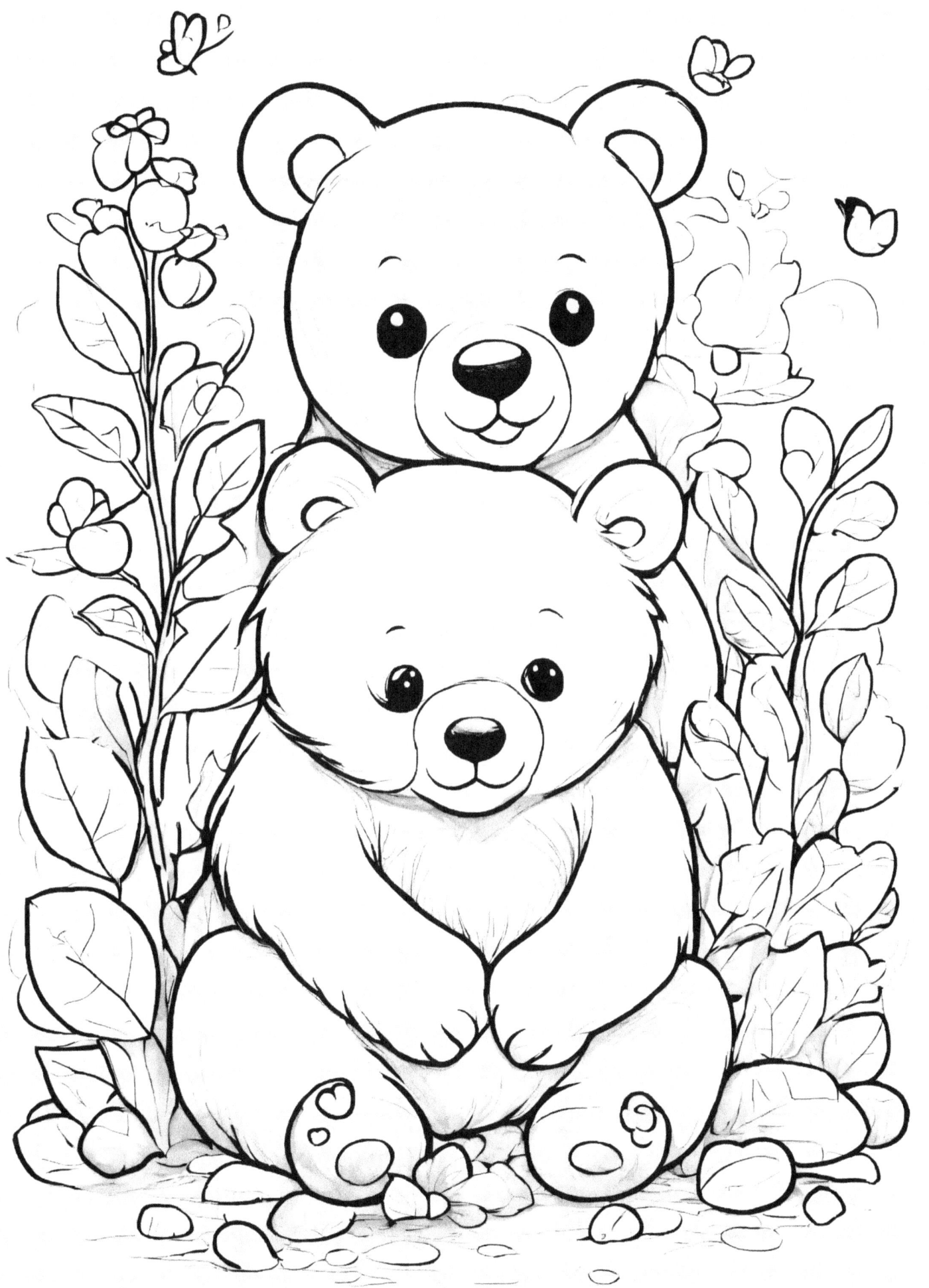

URSOS

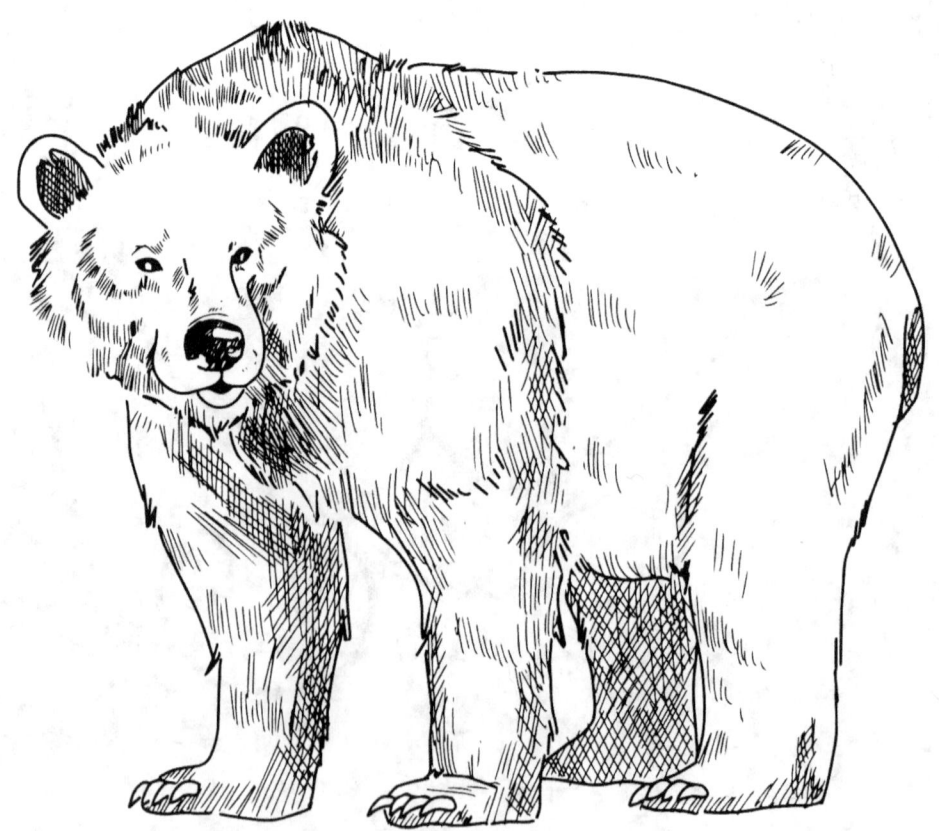

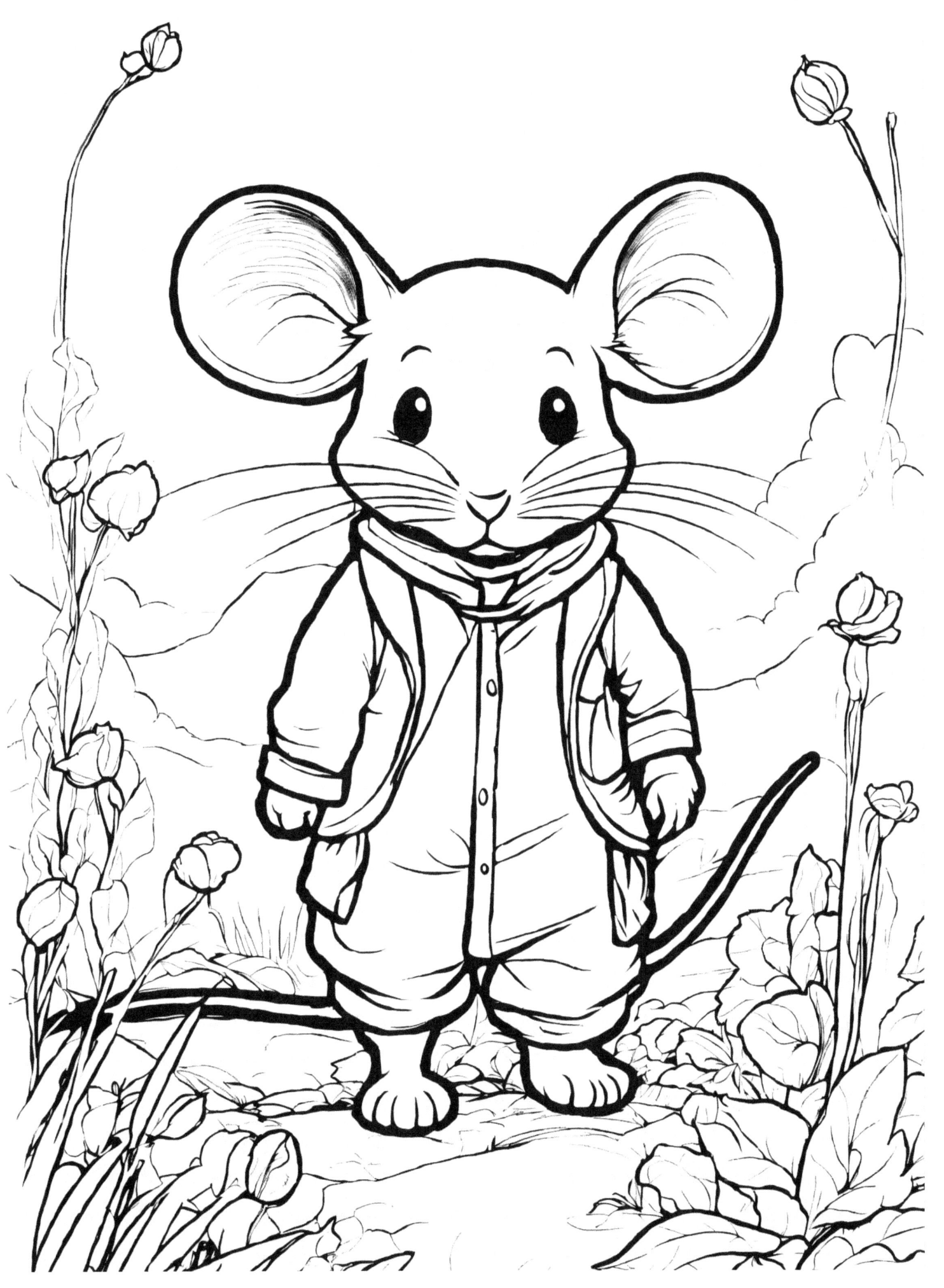

RATO

_____

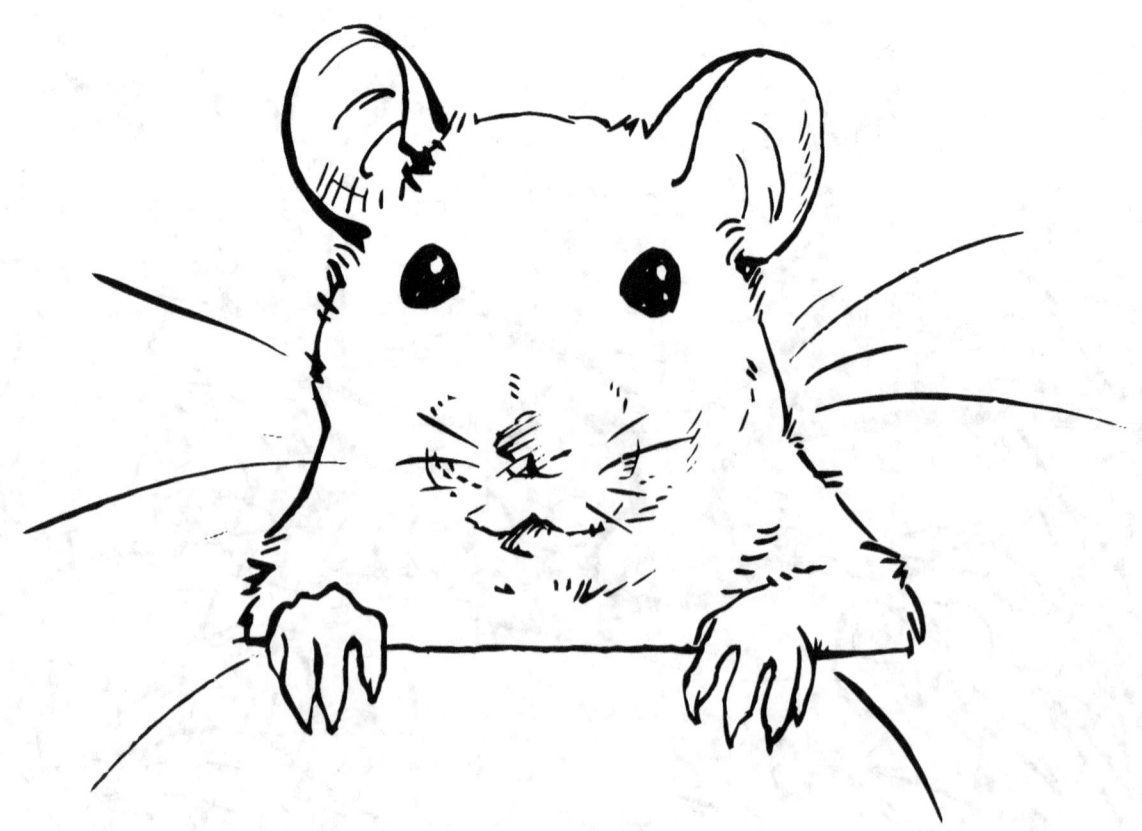

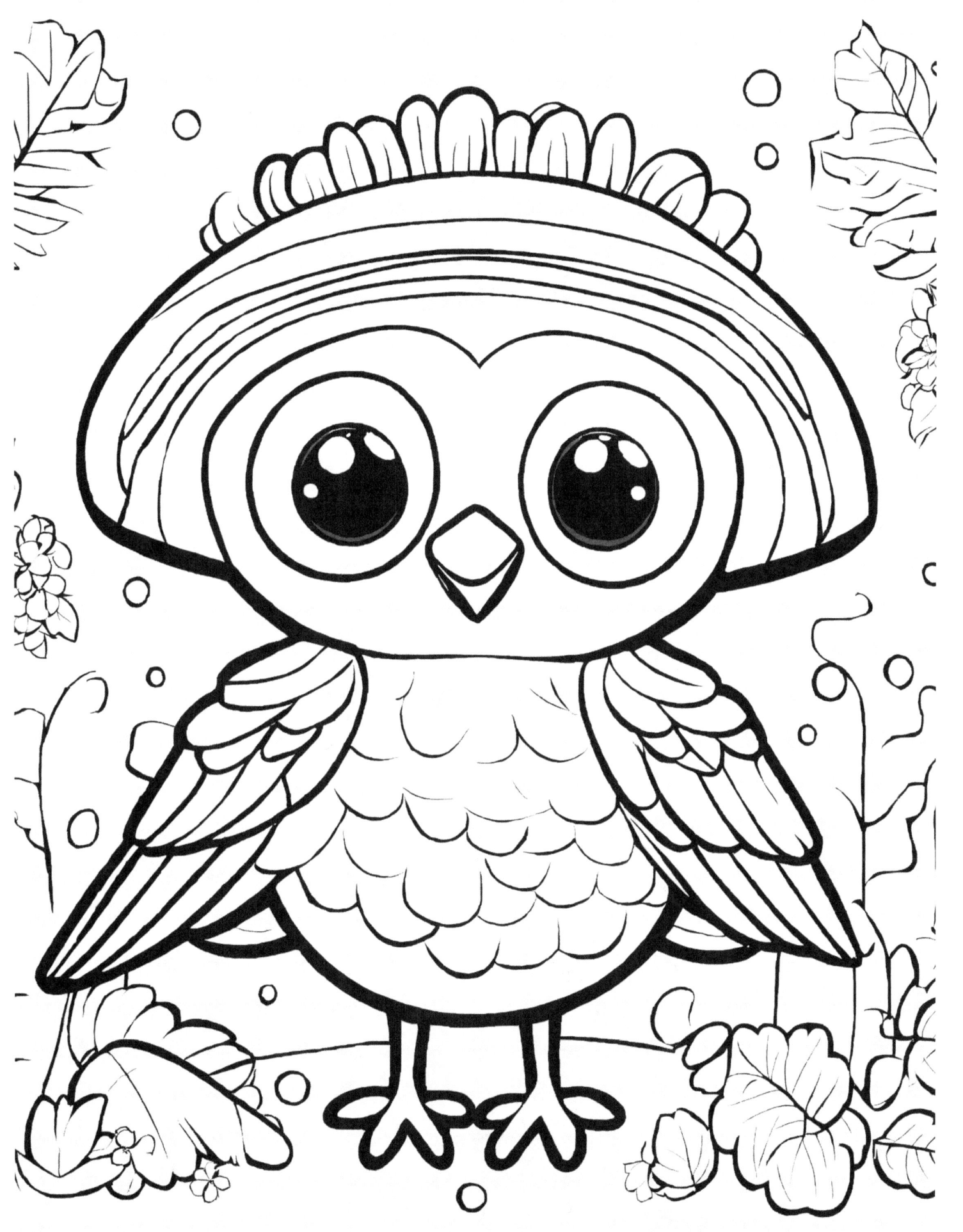

CORUJA

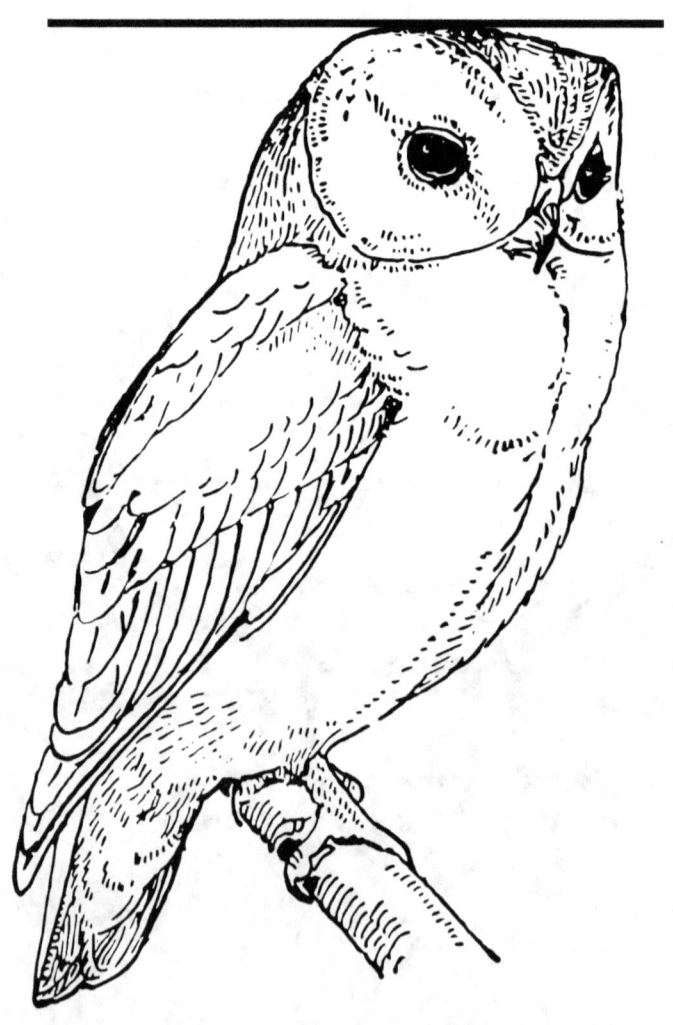

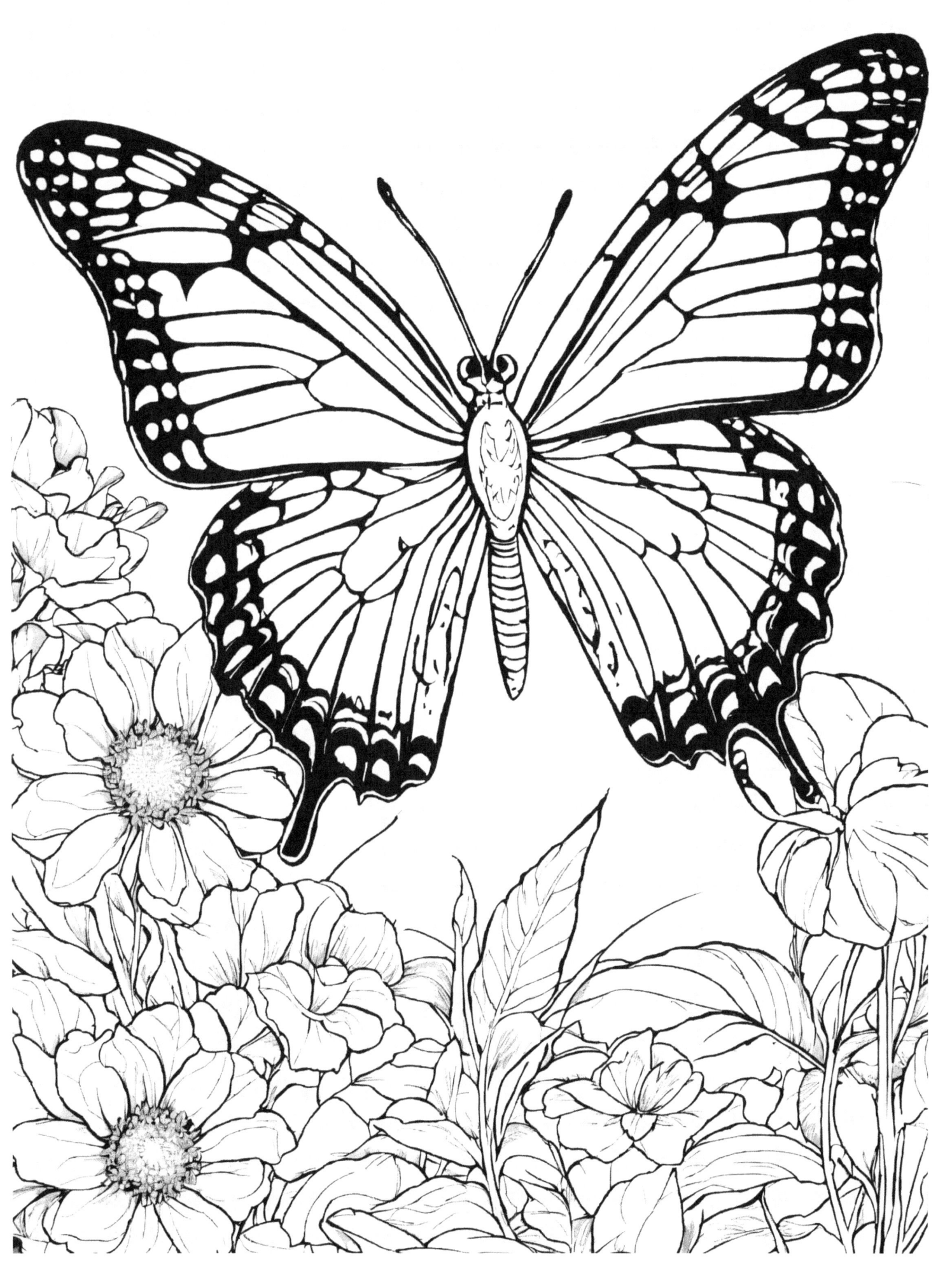

BORBOLETA

_____

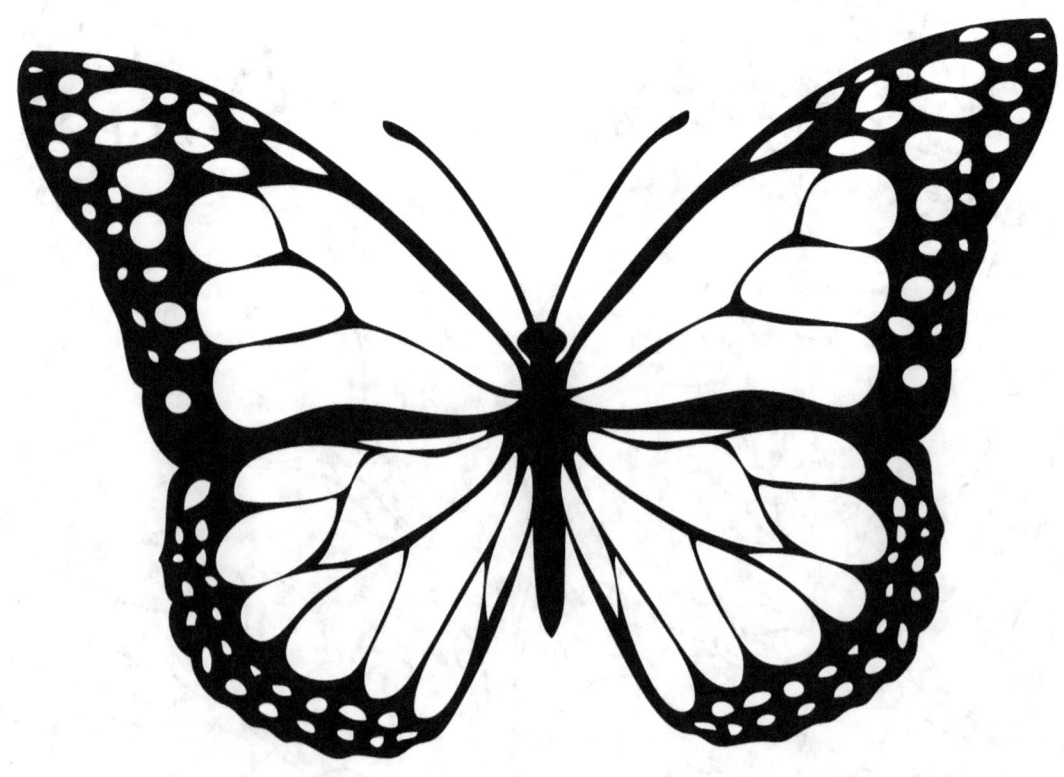

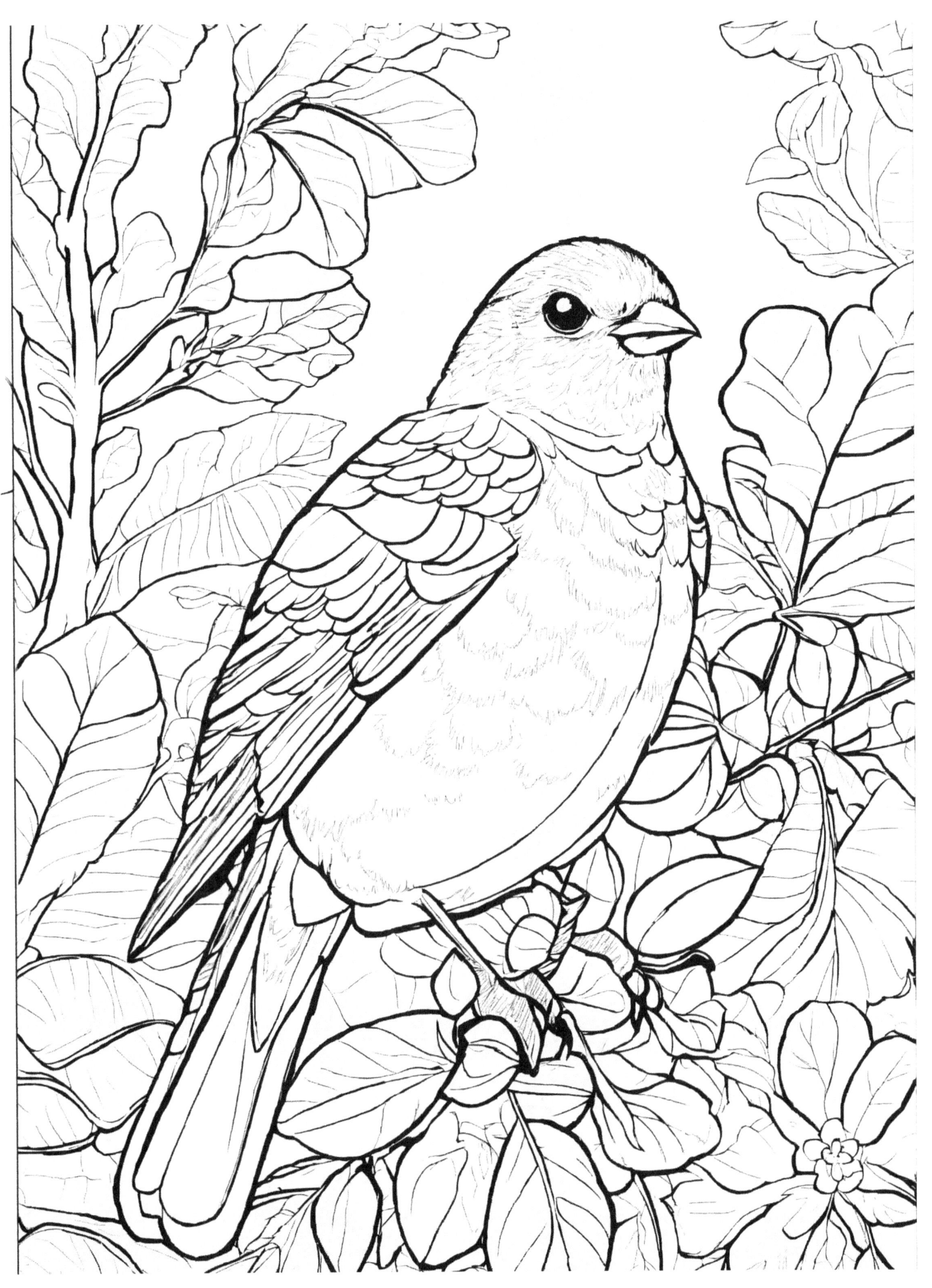

PÁSSARO

_____

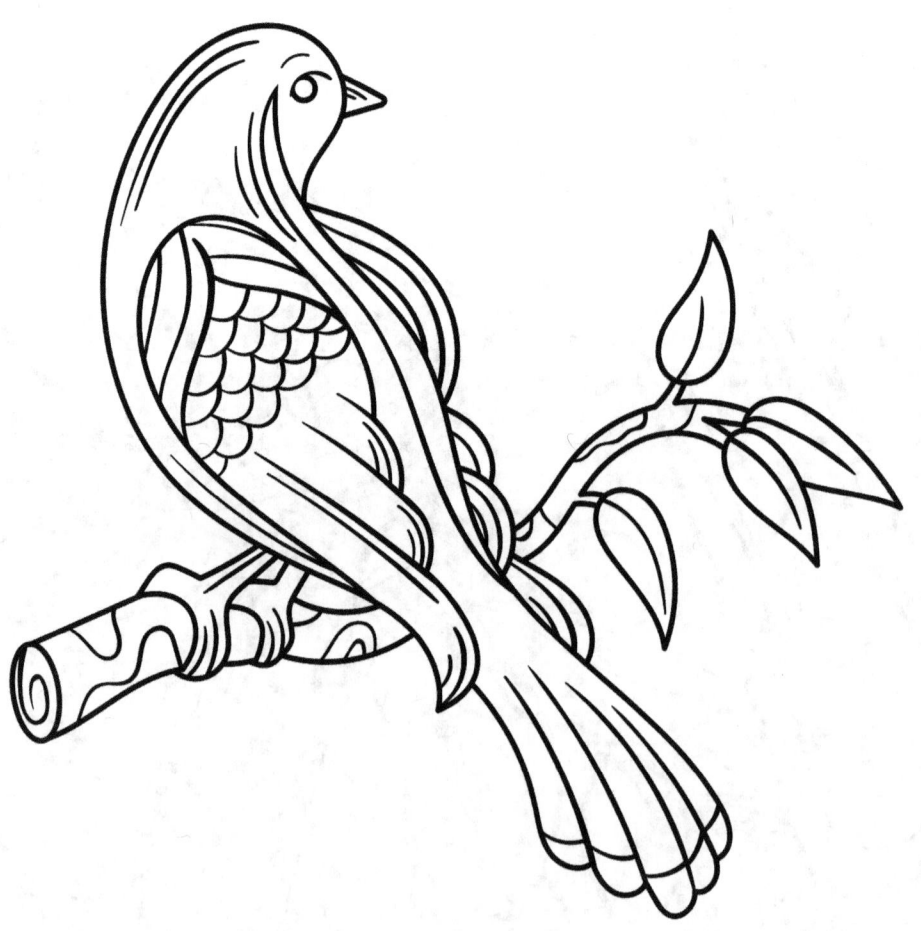

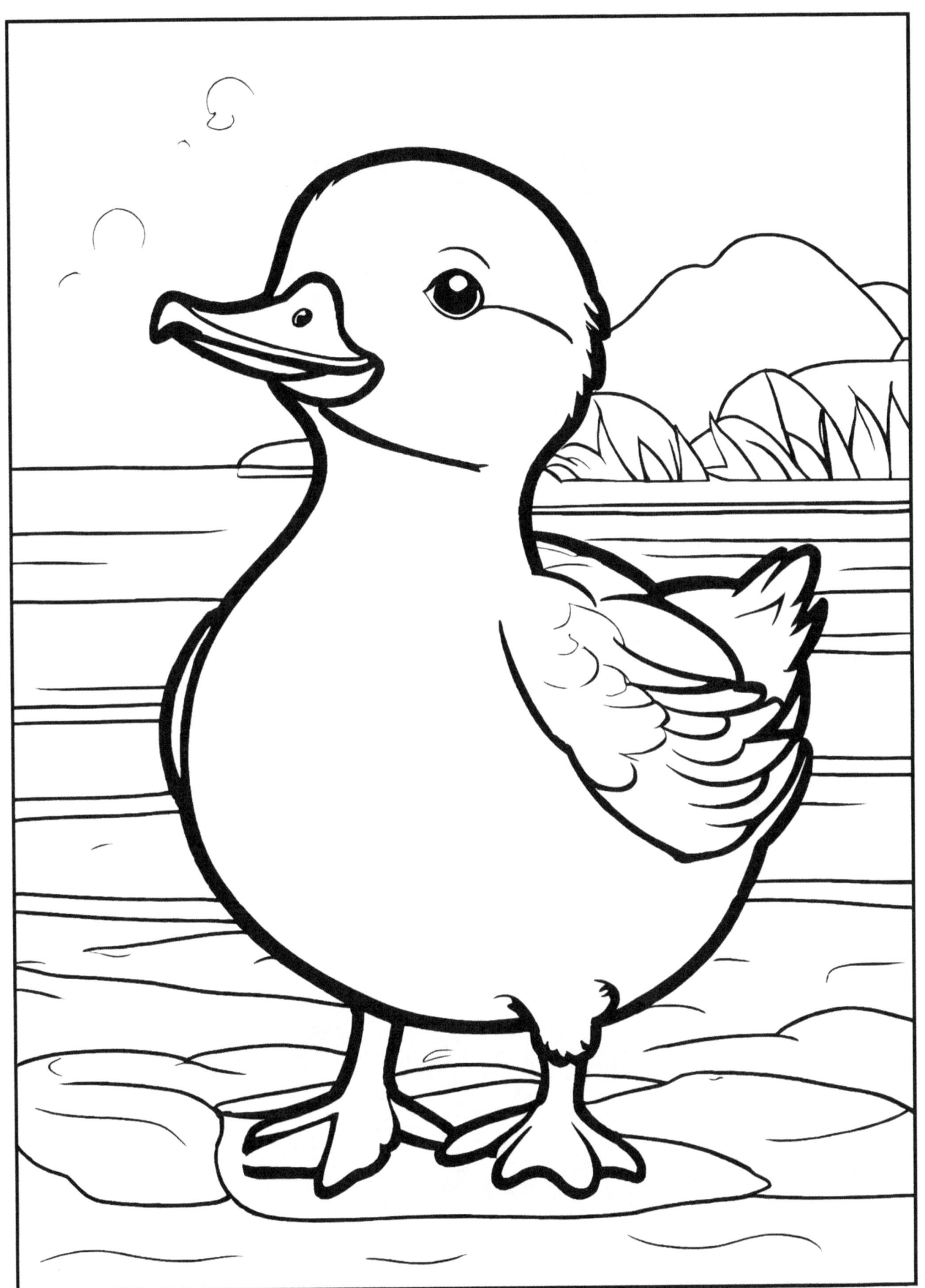

PATO

_____

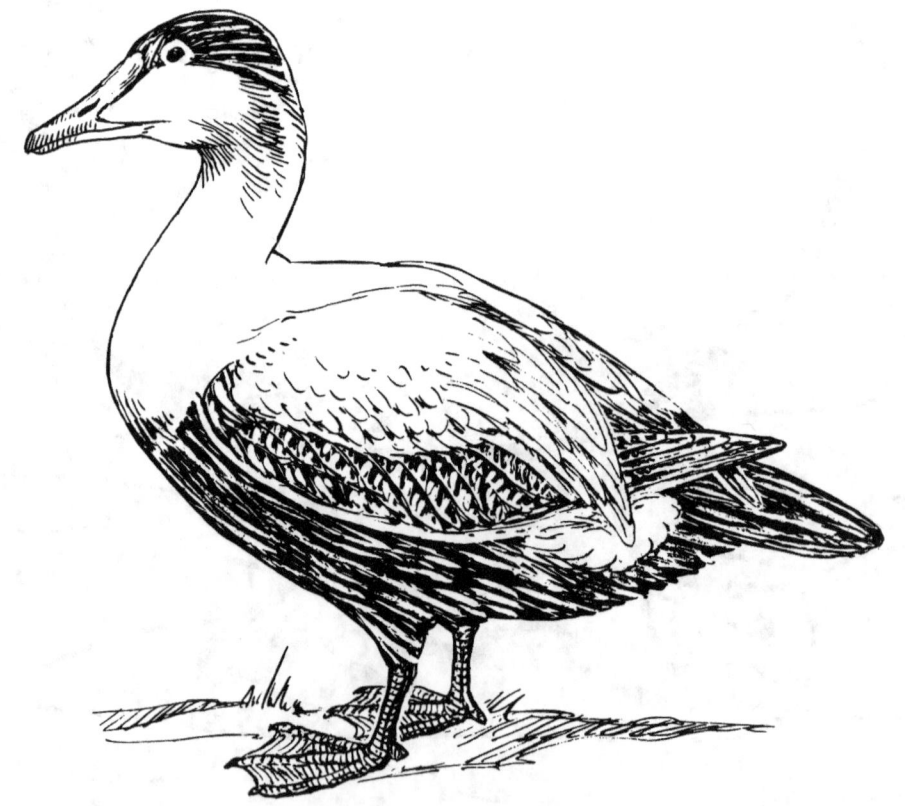

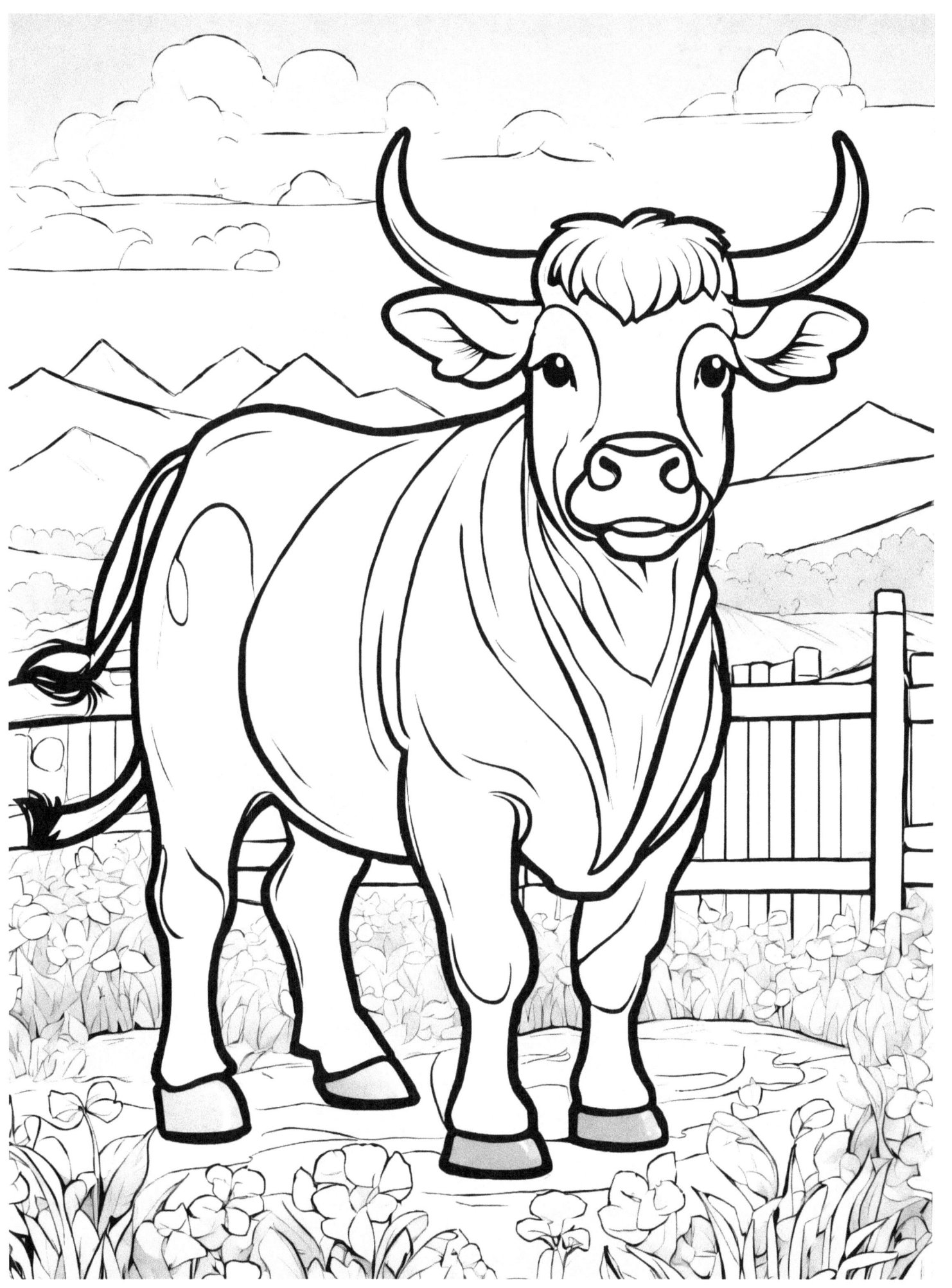

VACA

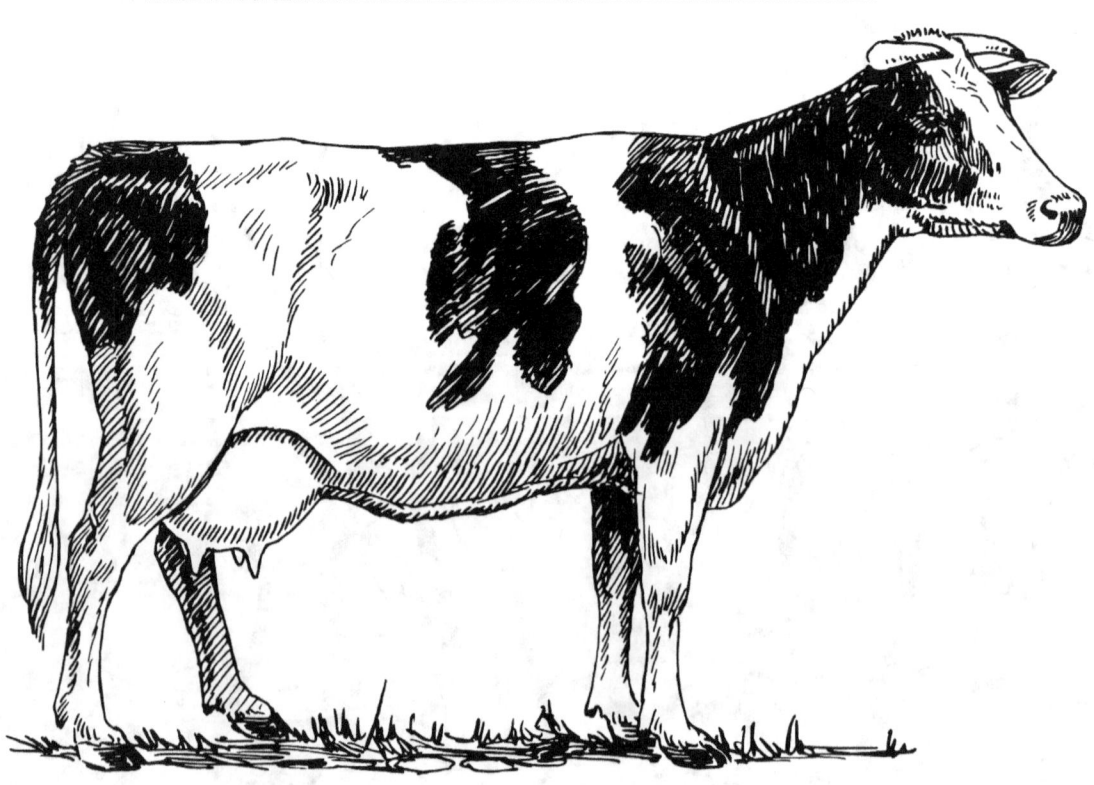

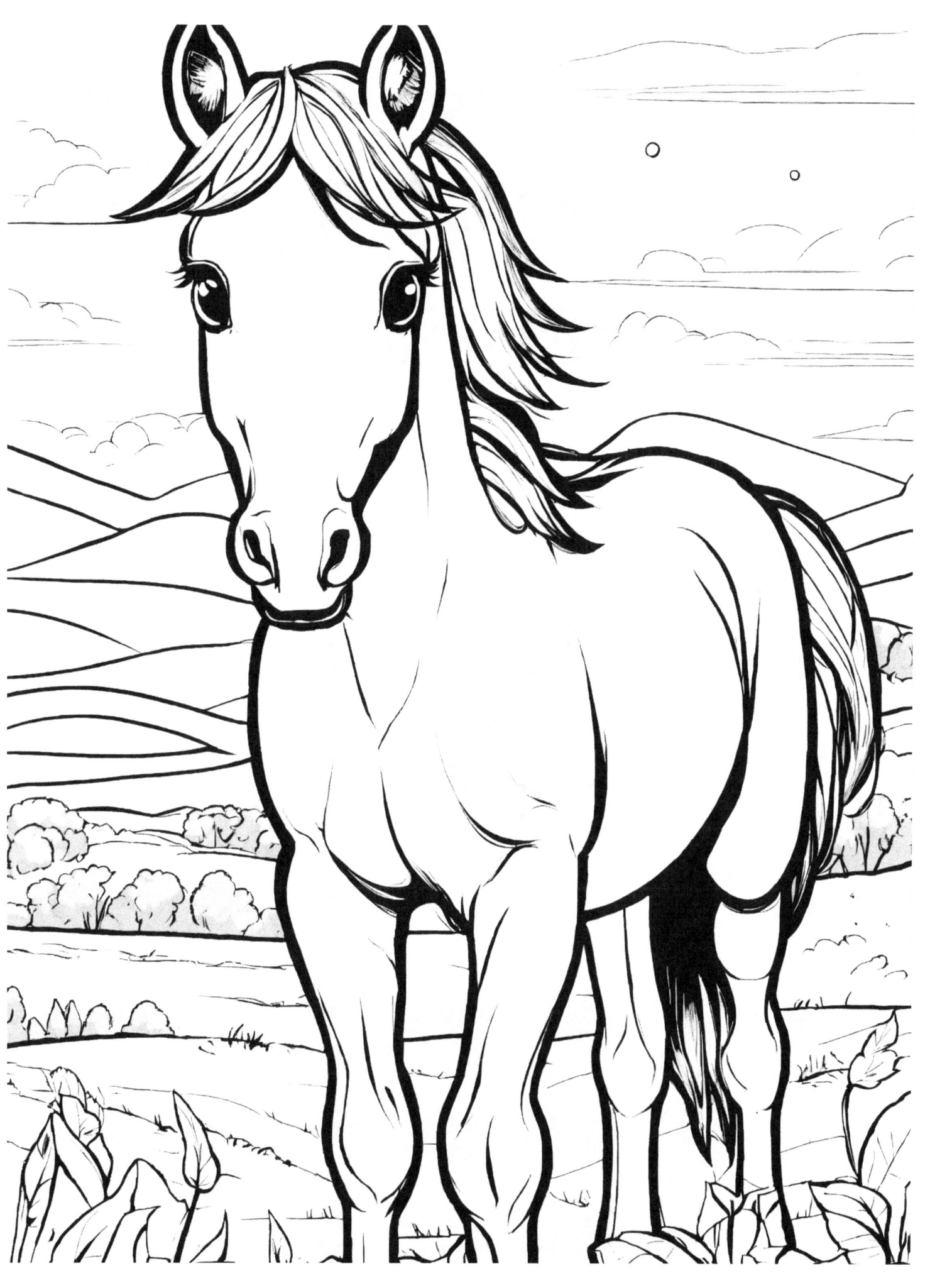

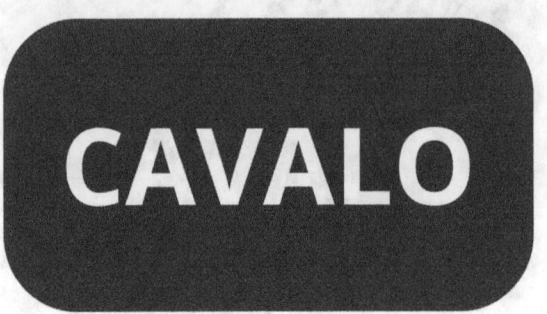

CAVALO

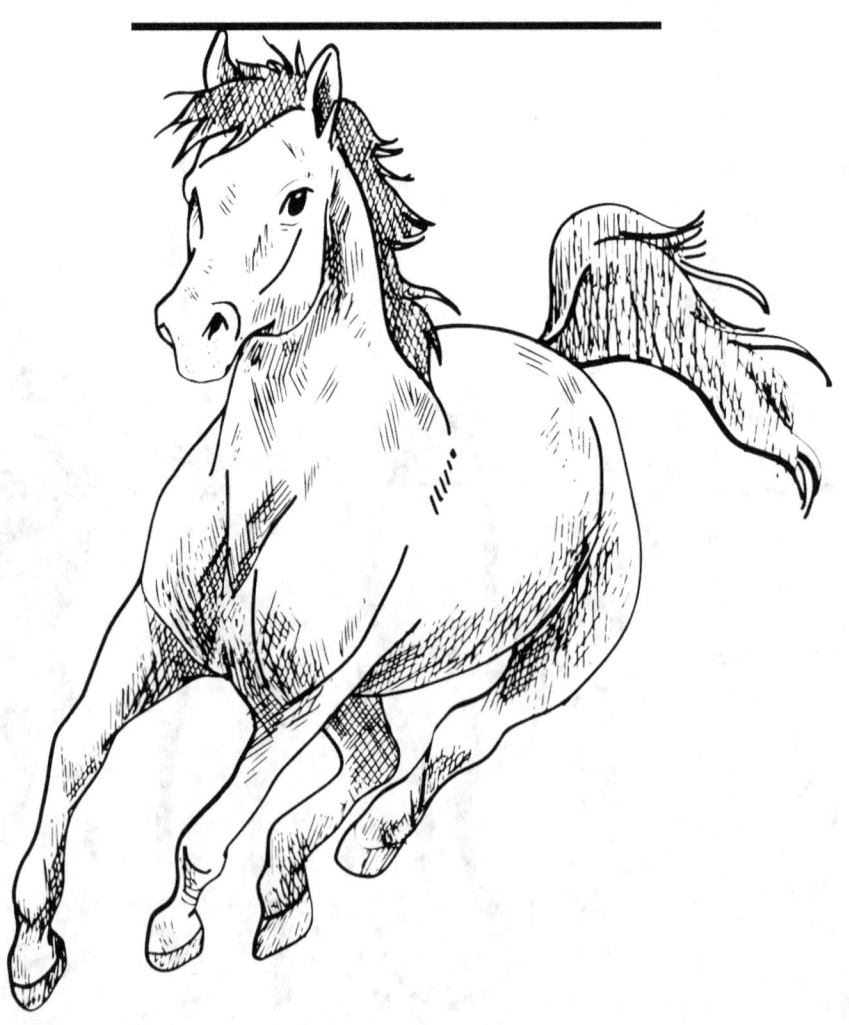

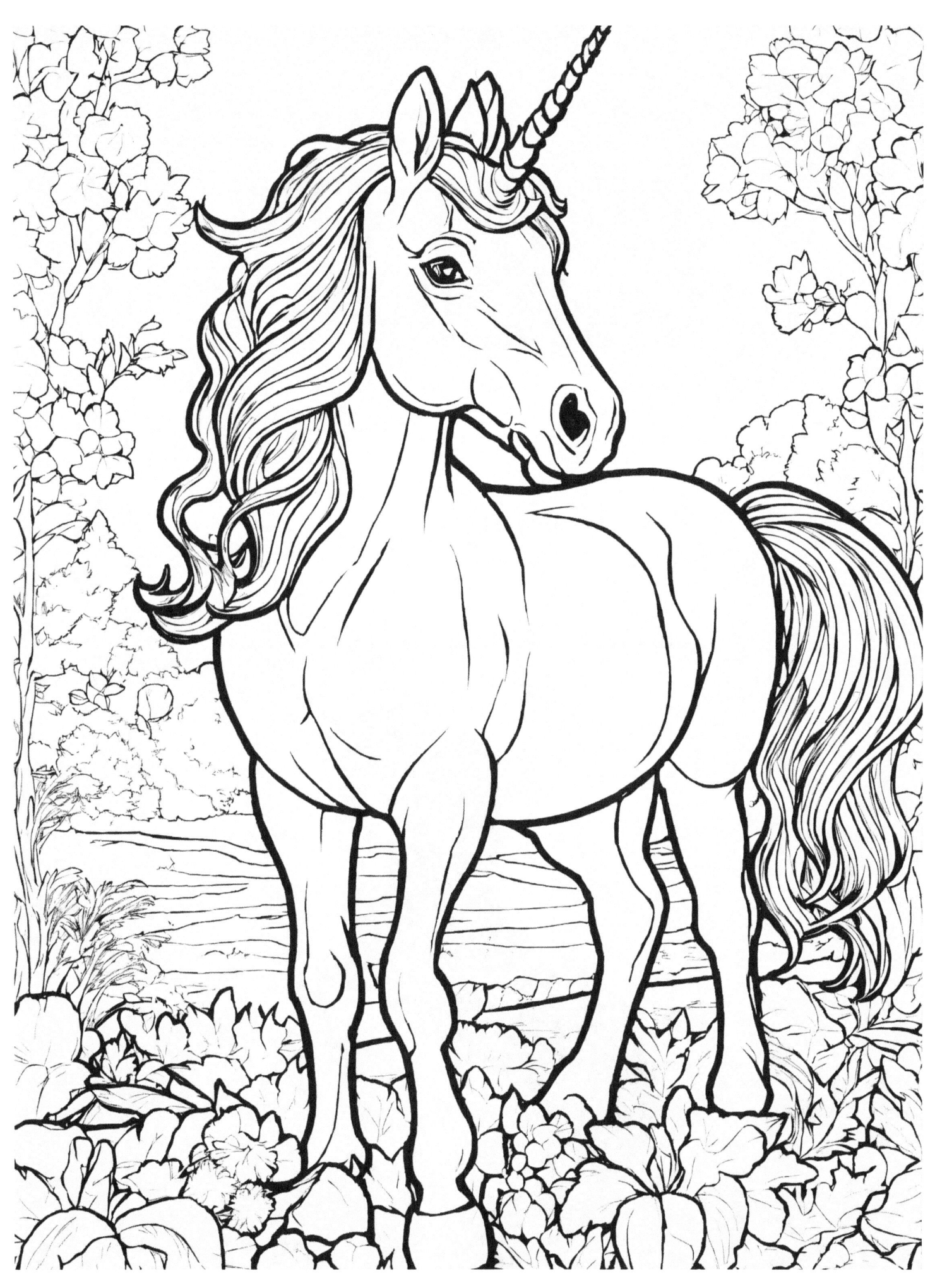

UNICÓRNIO

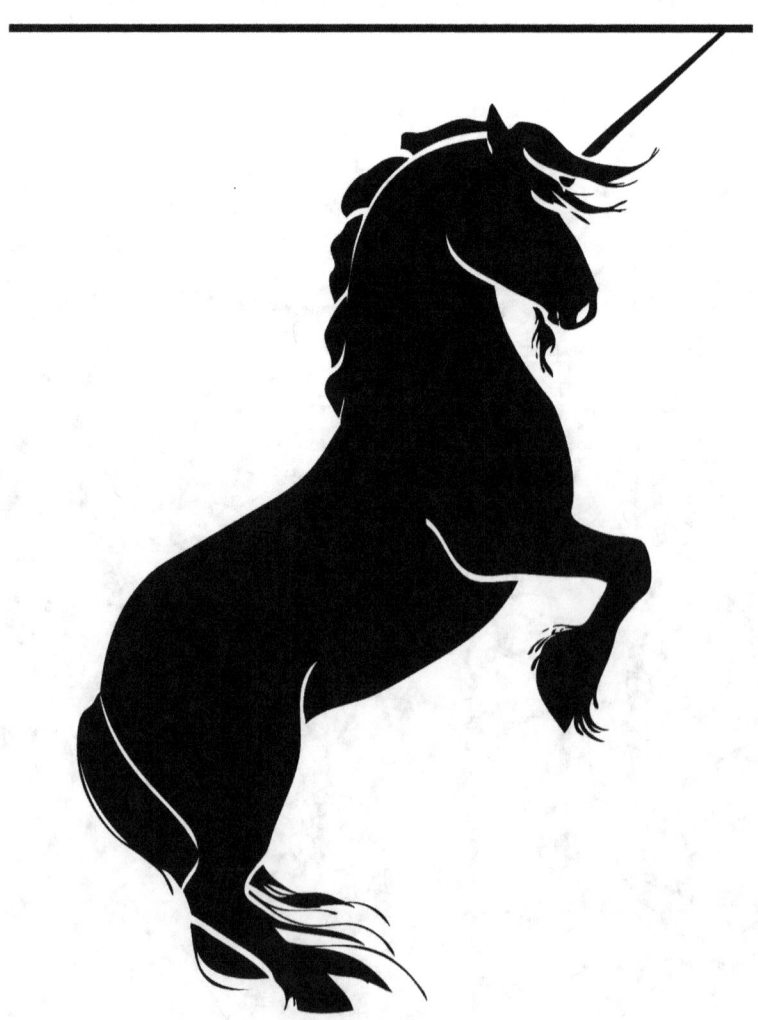

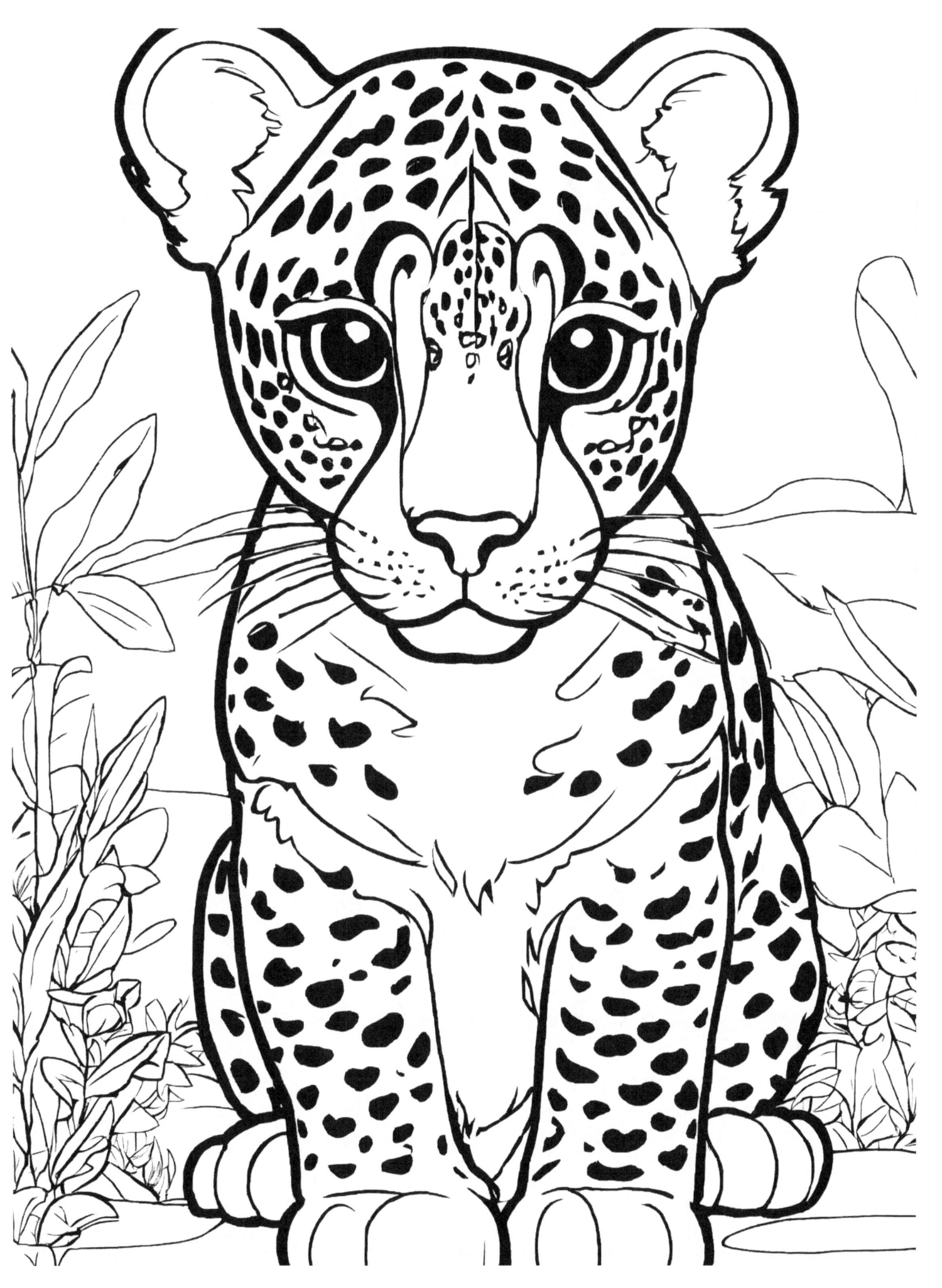

LEOPARDO

———————

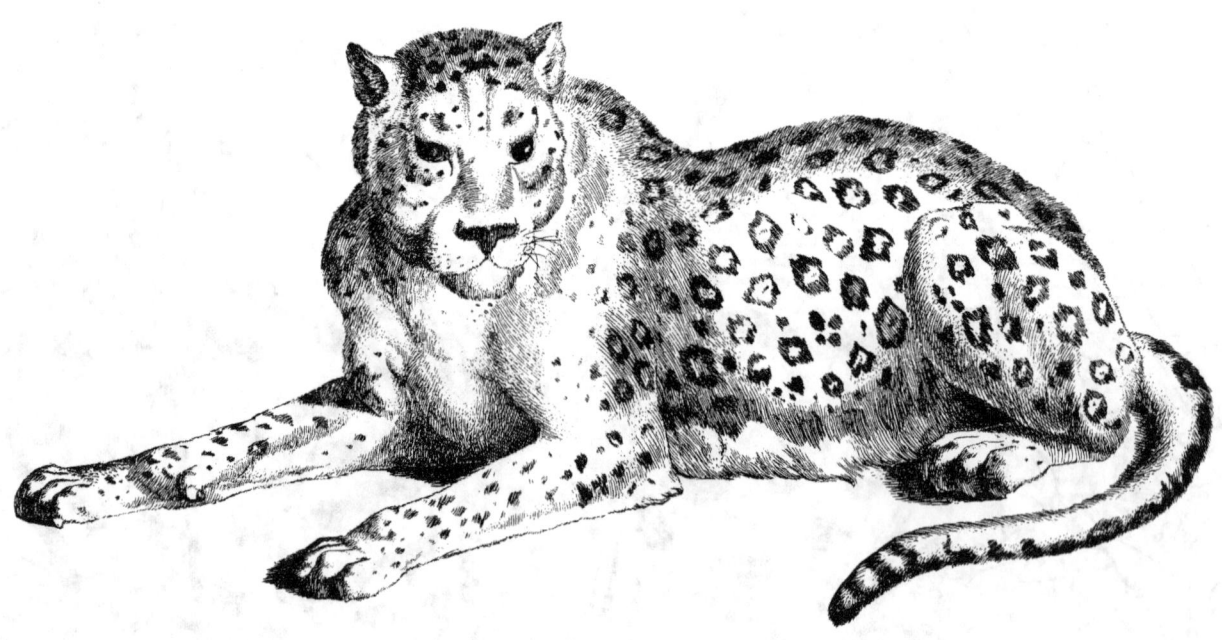

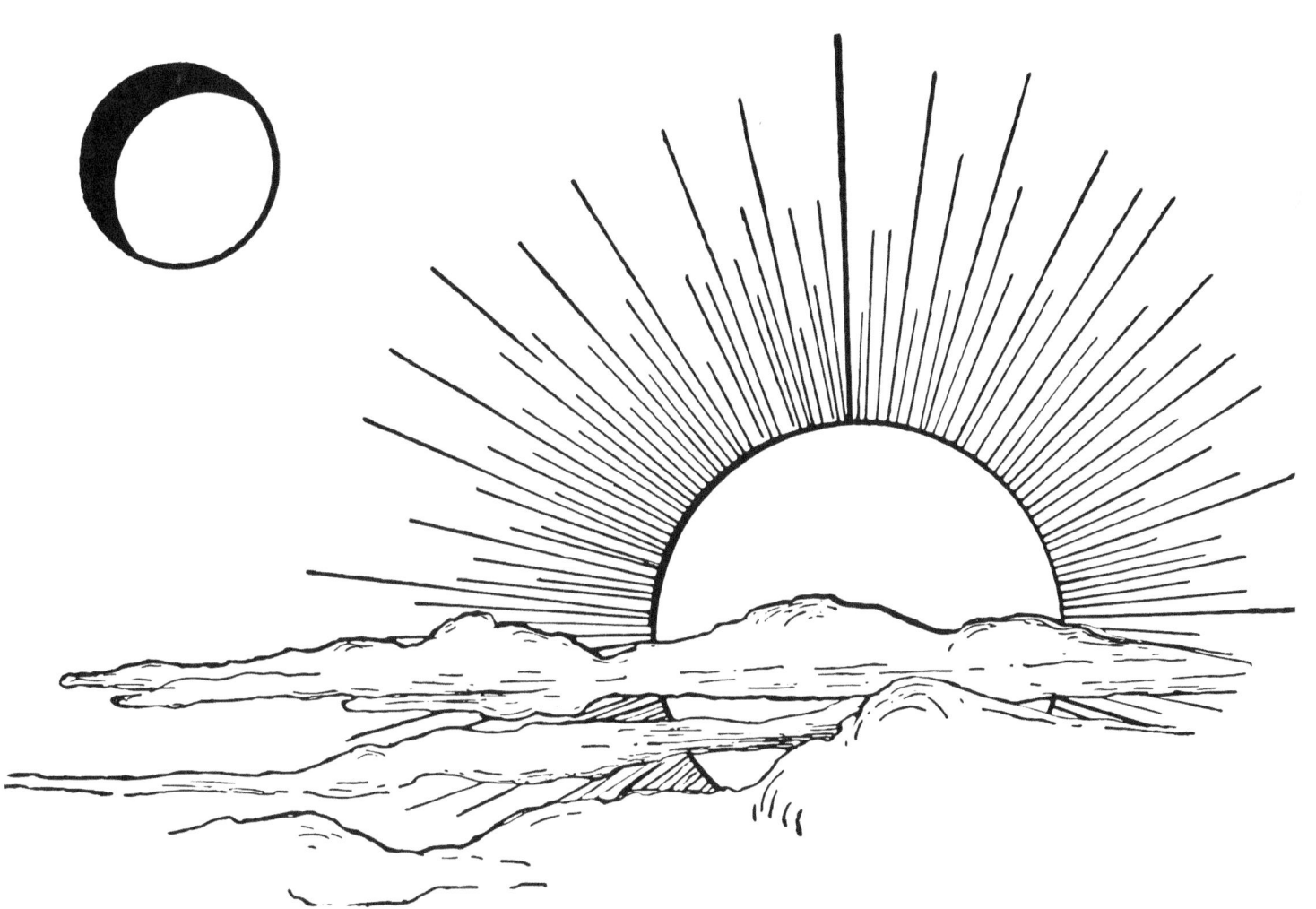

SOL

_____

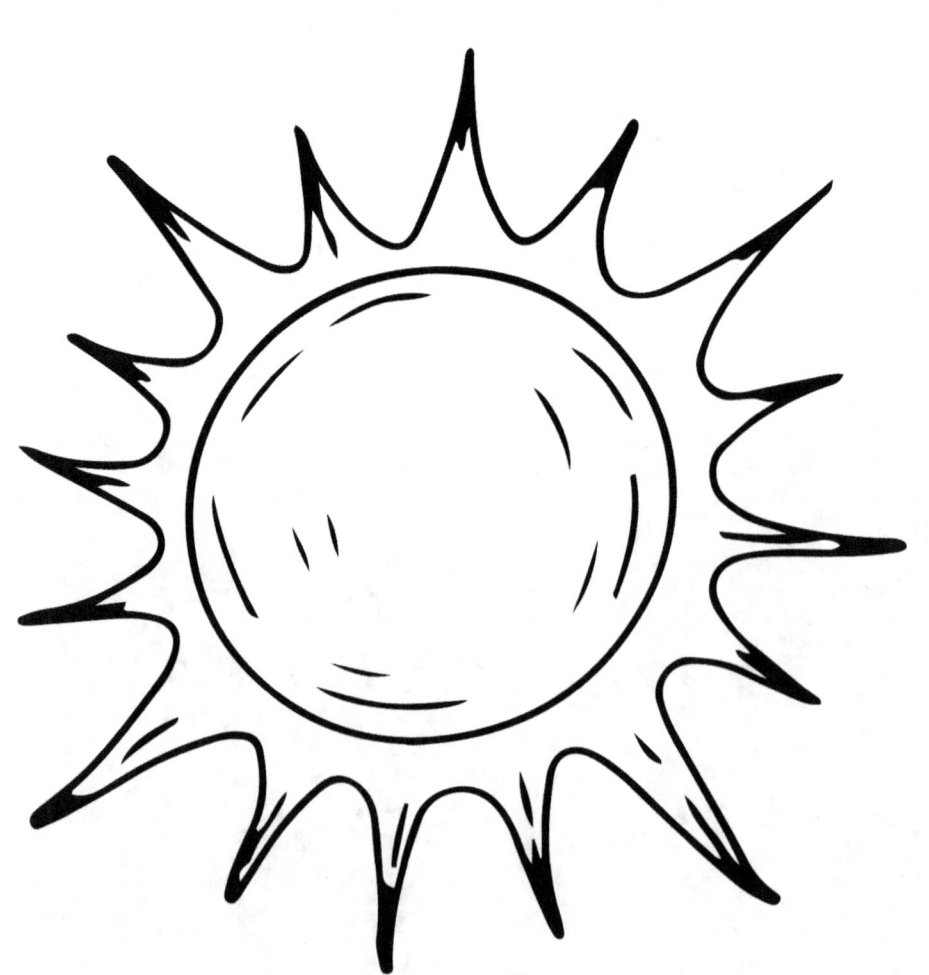

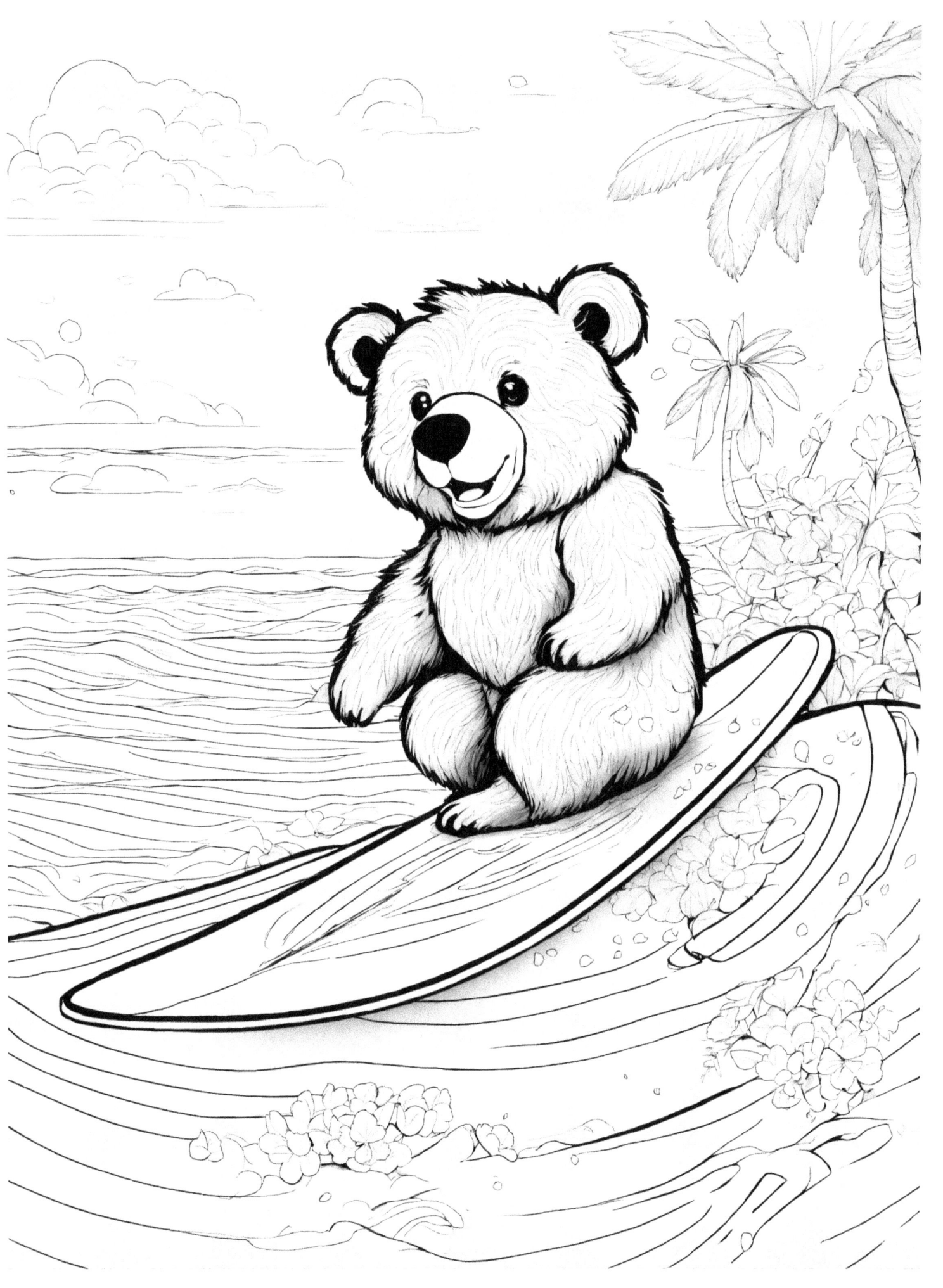

PRAIA

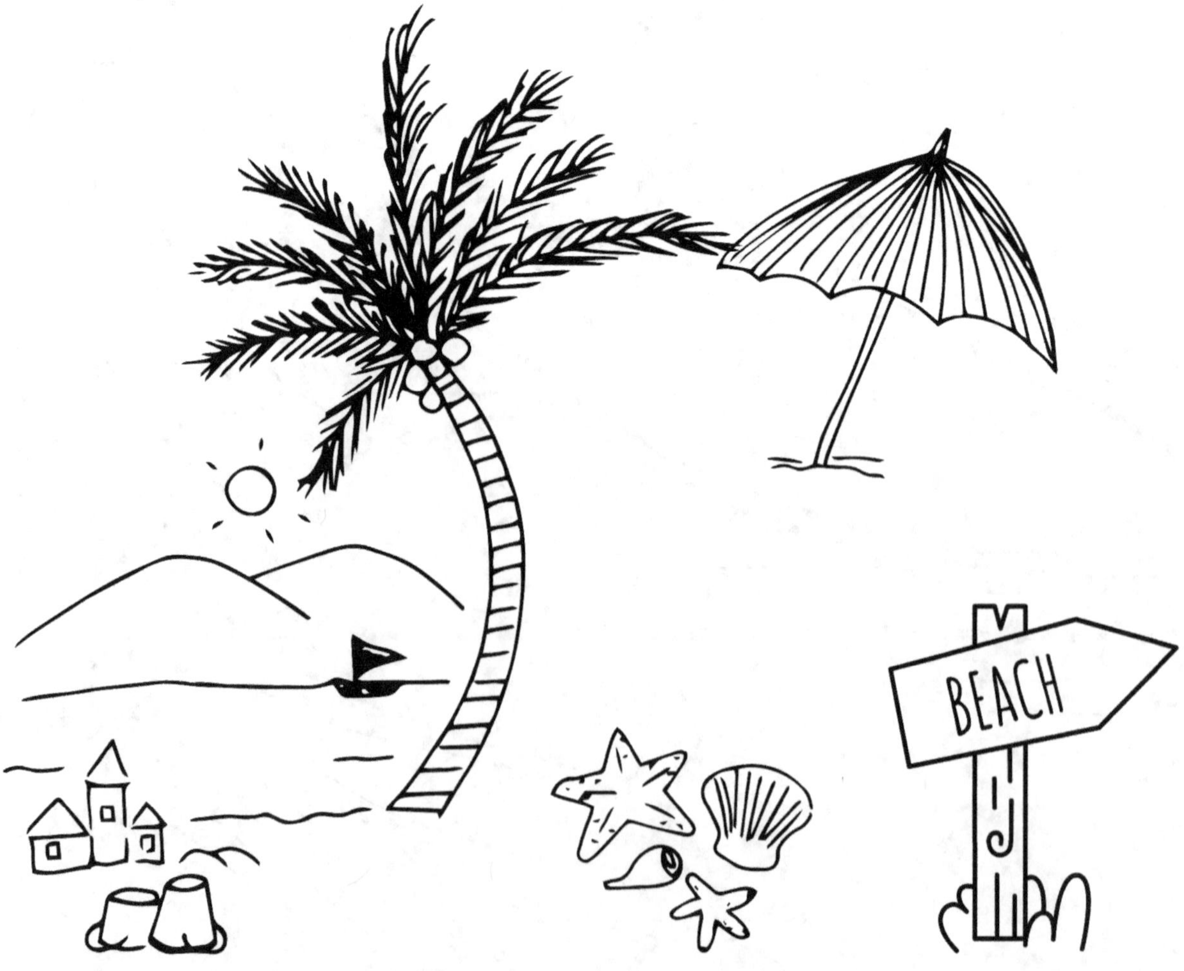

_____

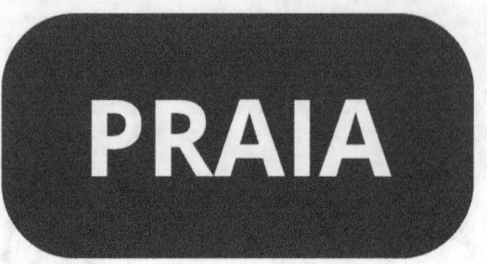

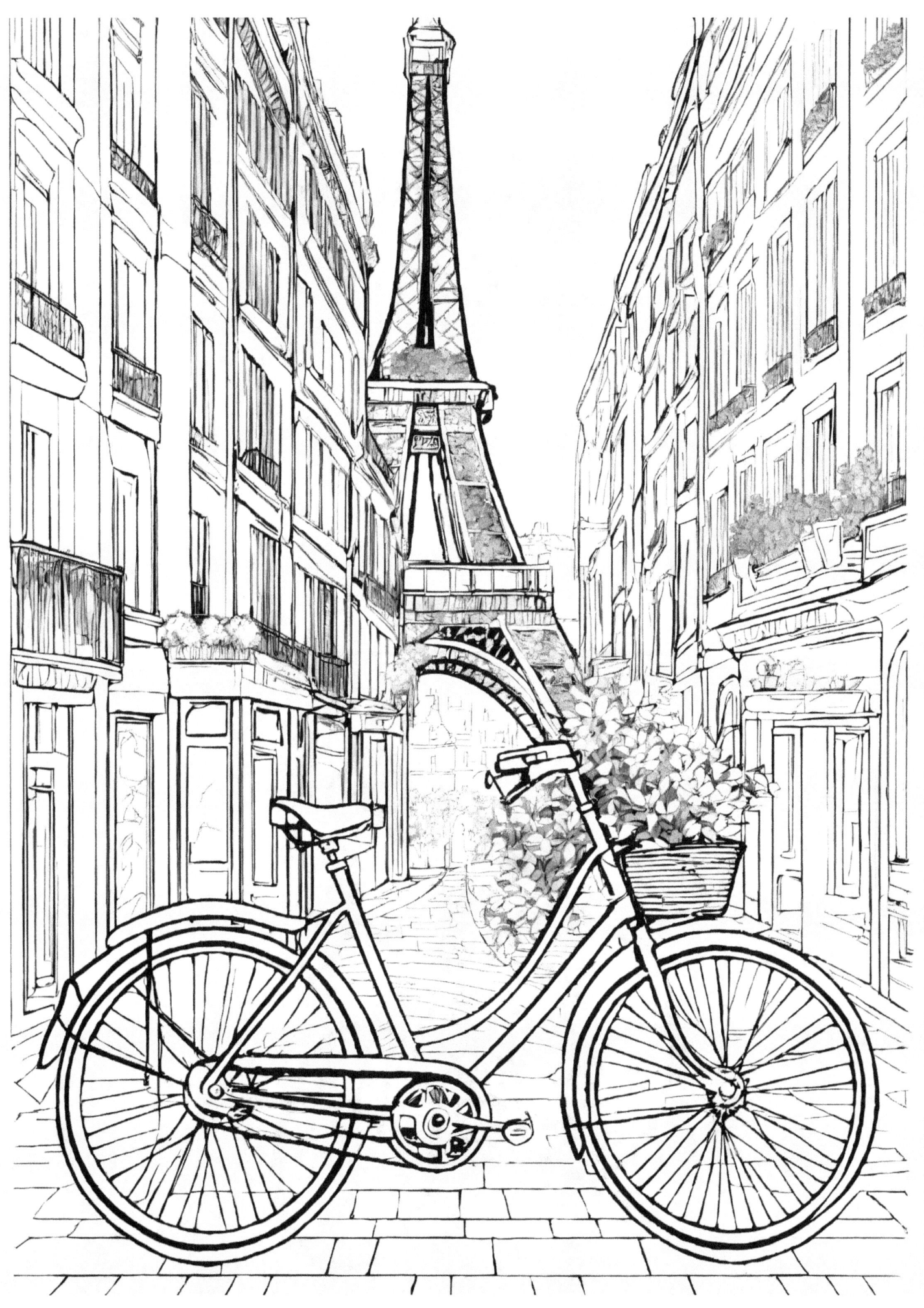

BICICLETA

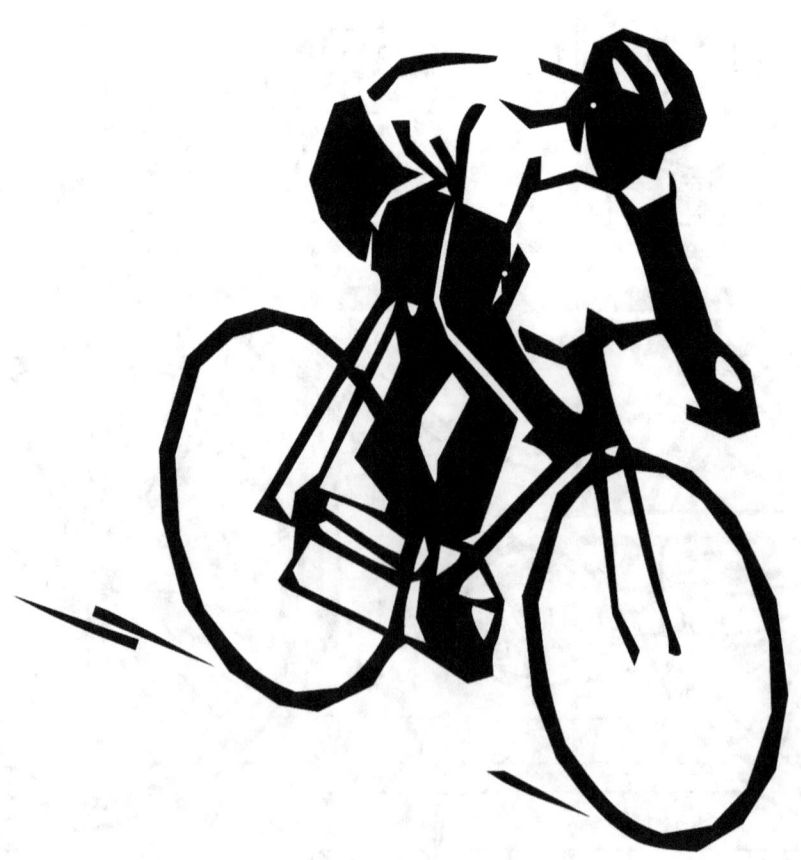

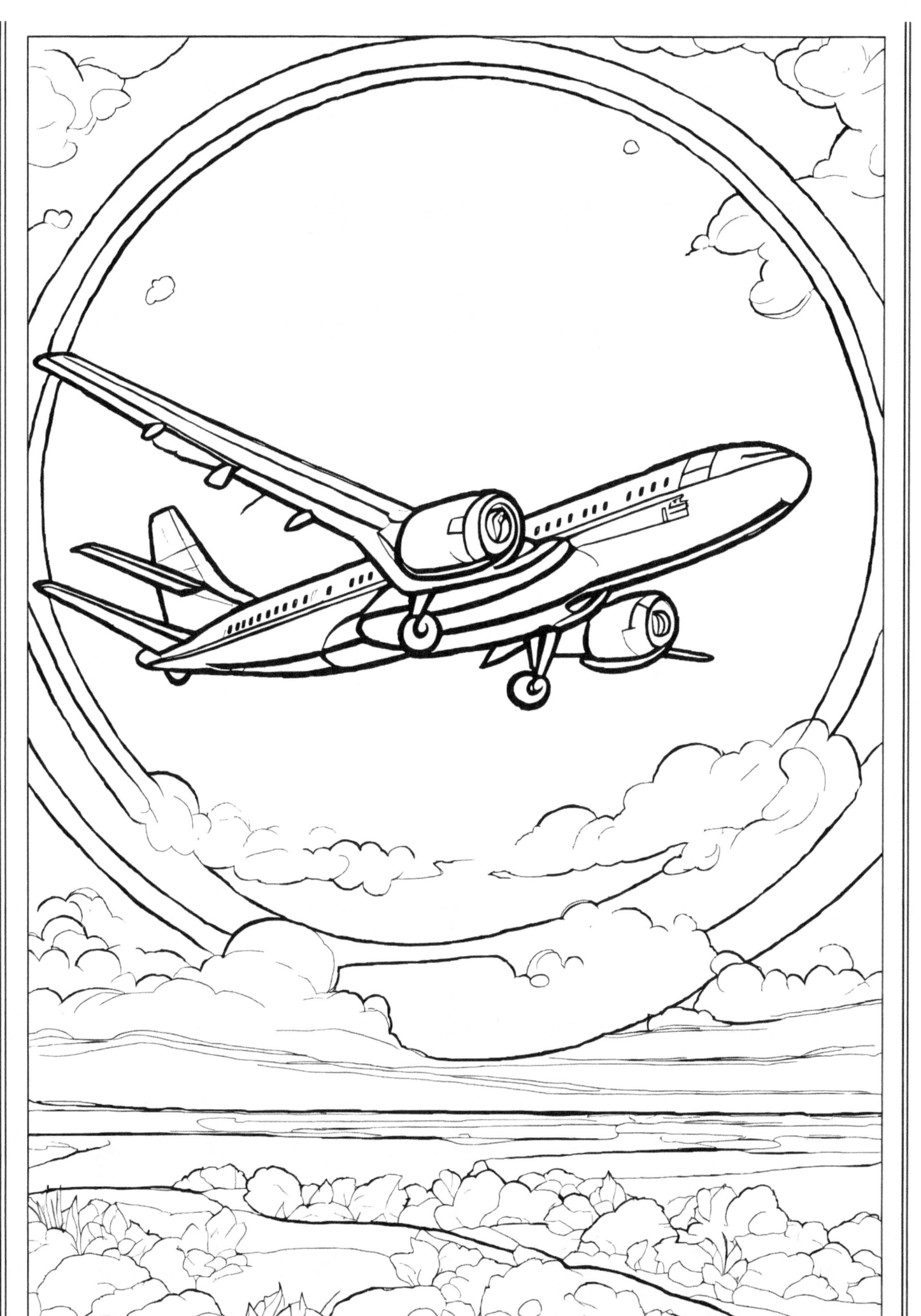

AVIÃO

———————

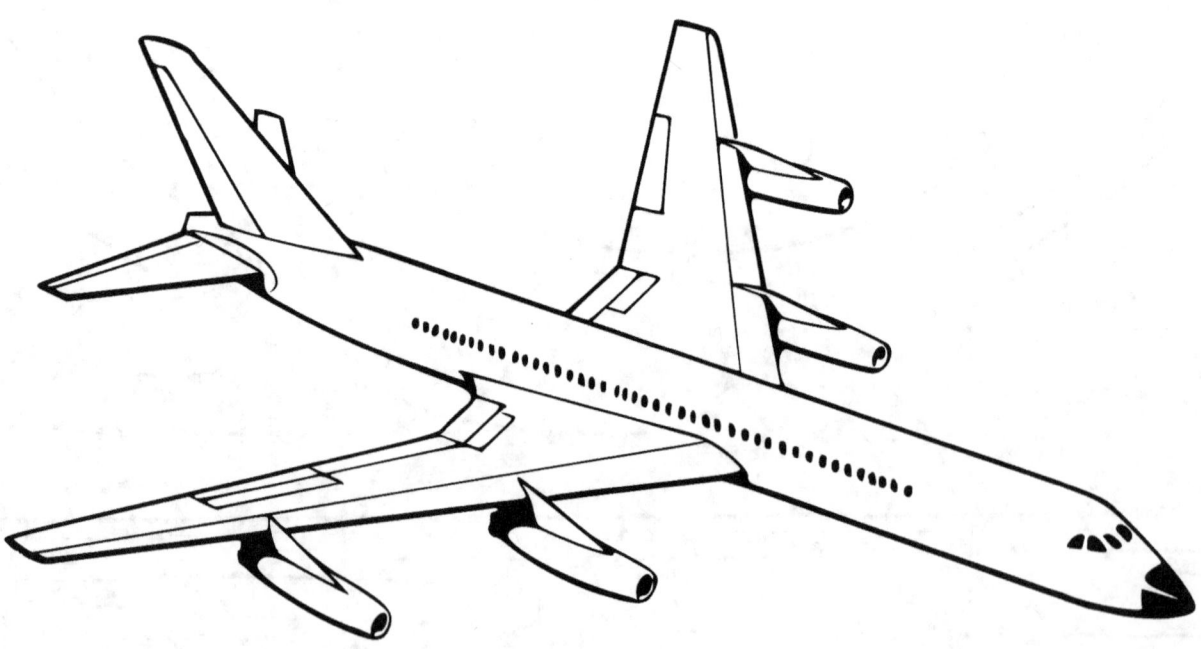

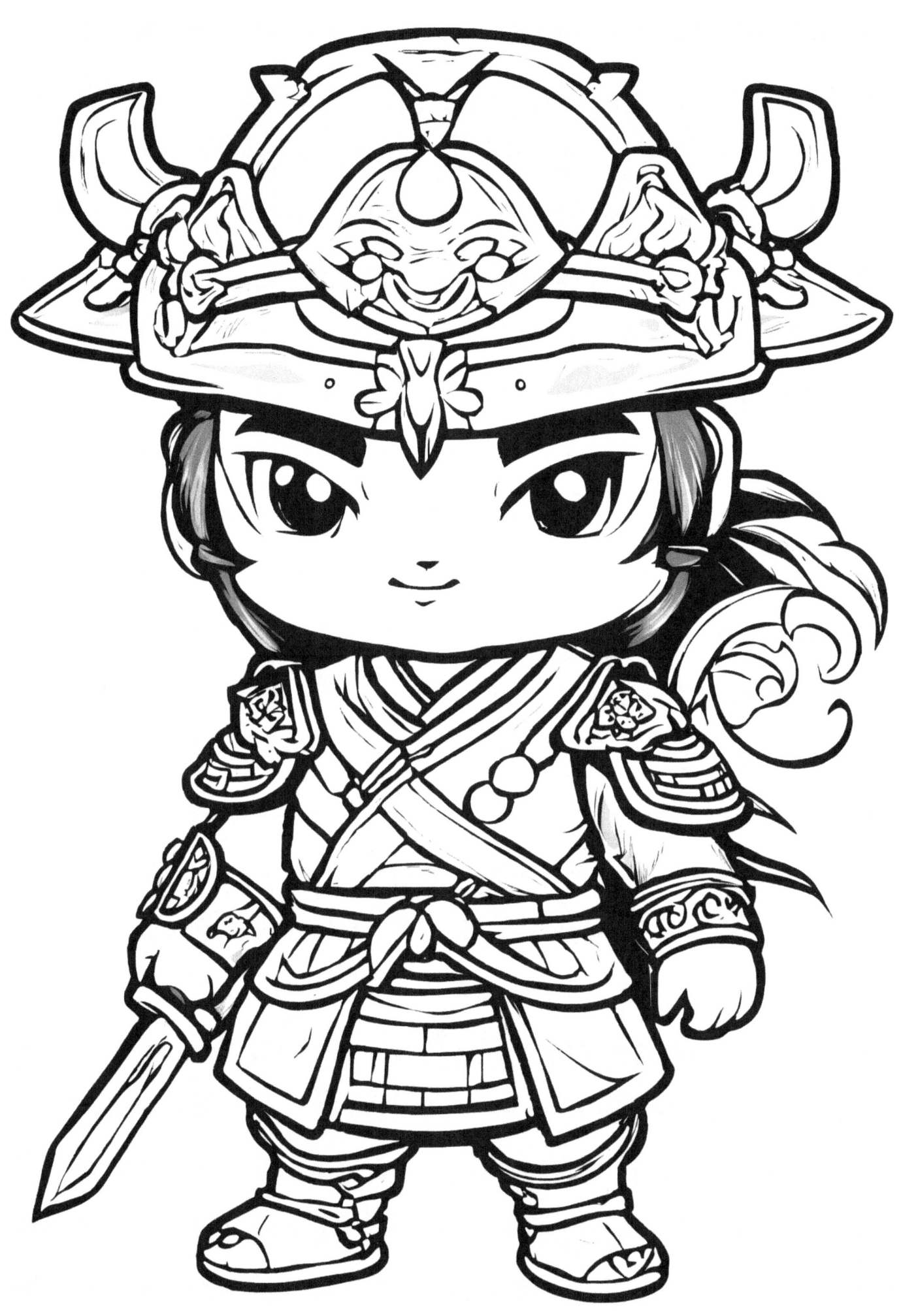

CHINÊS

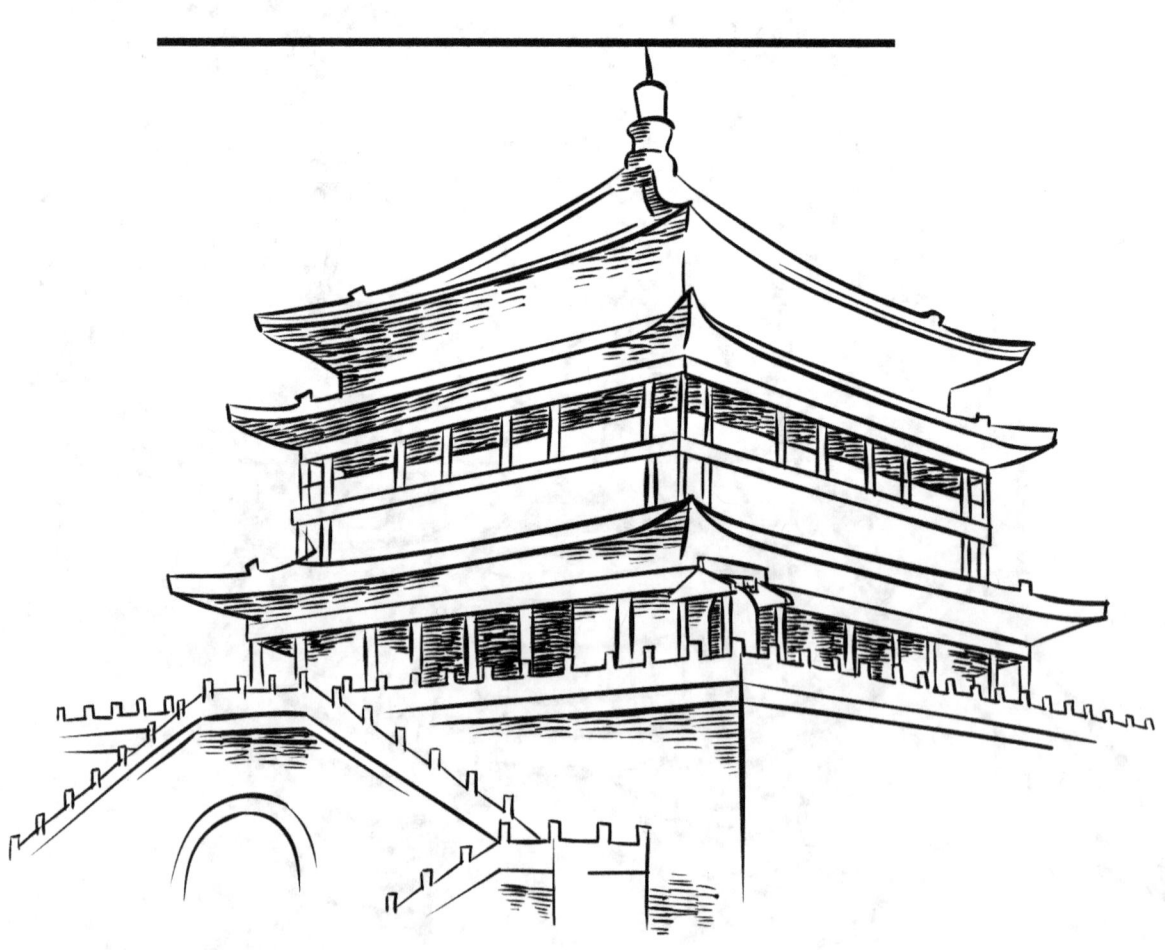

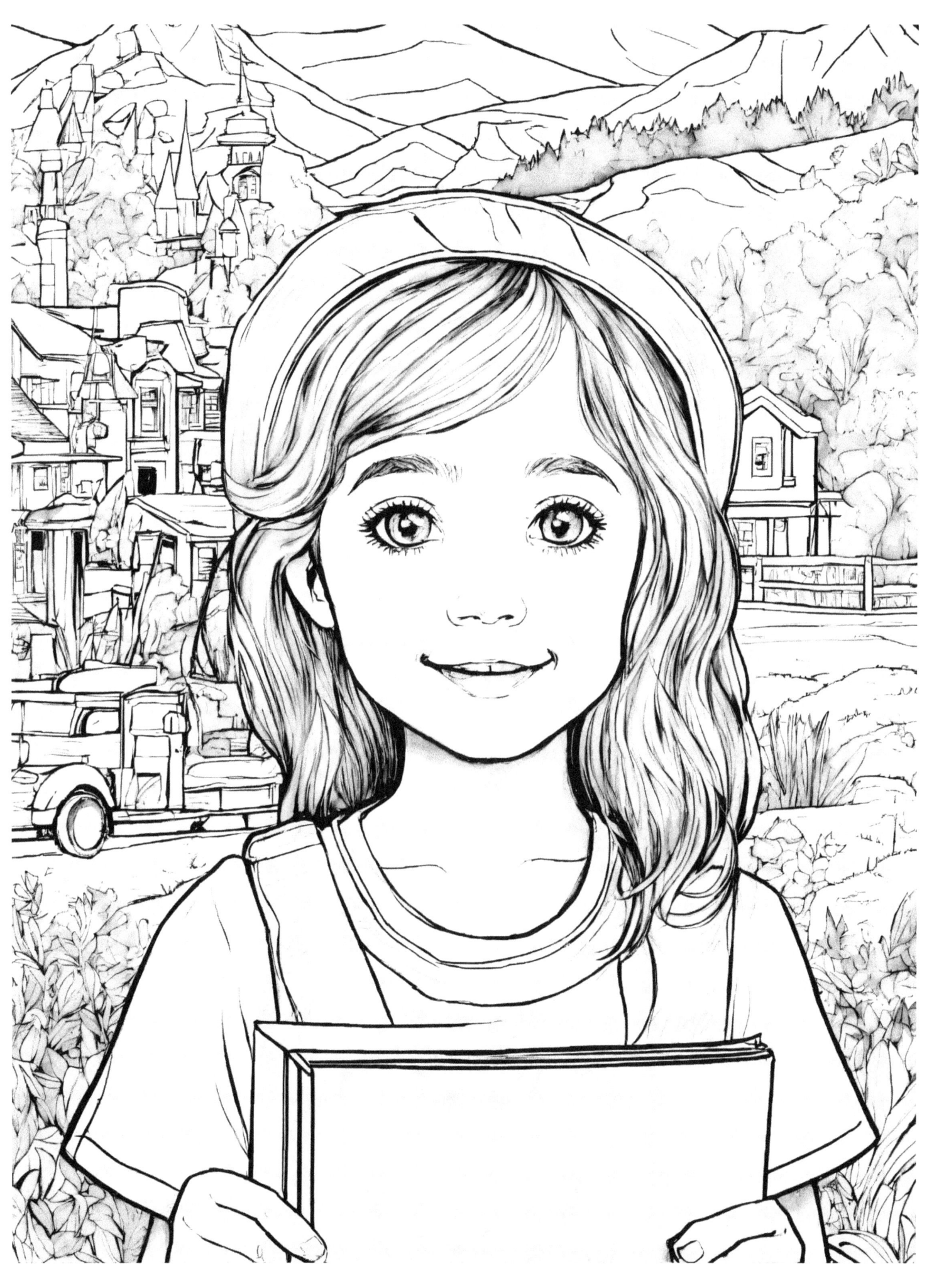

MENINA

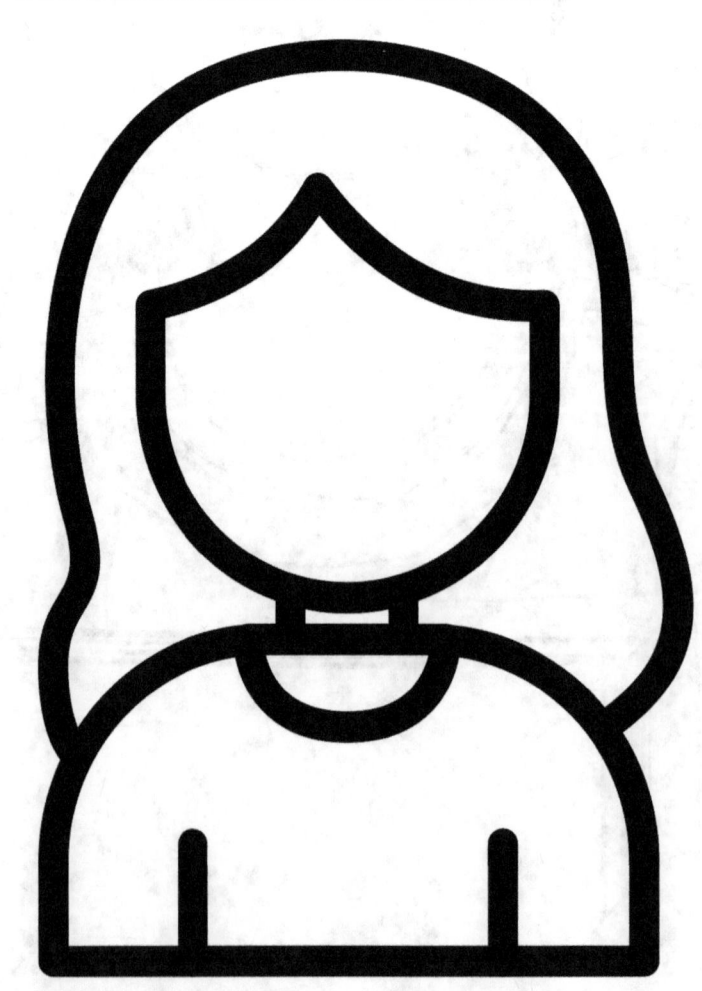

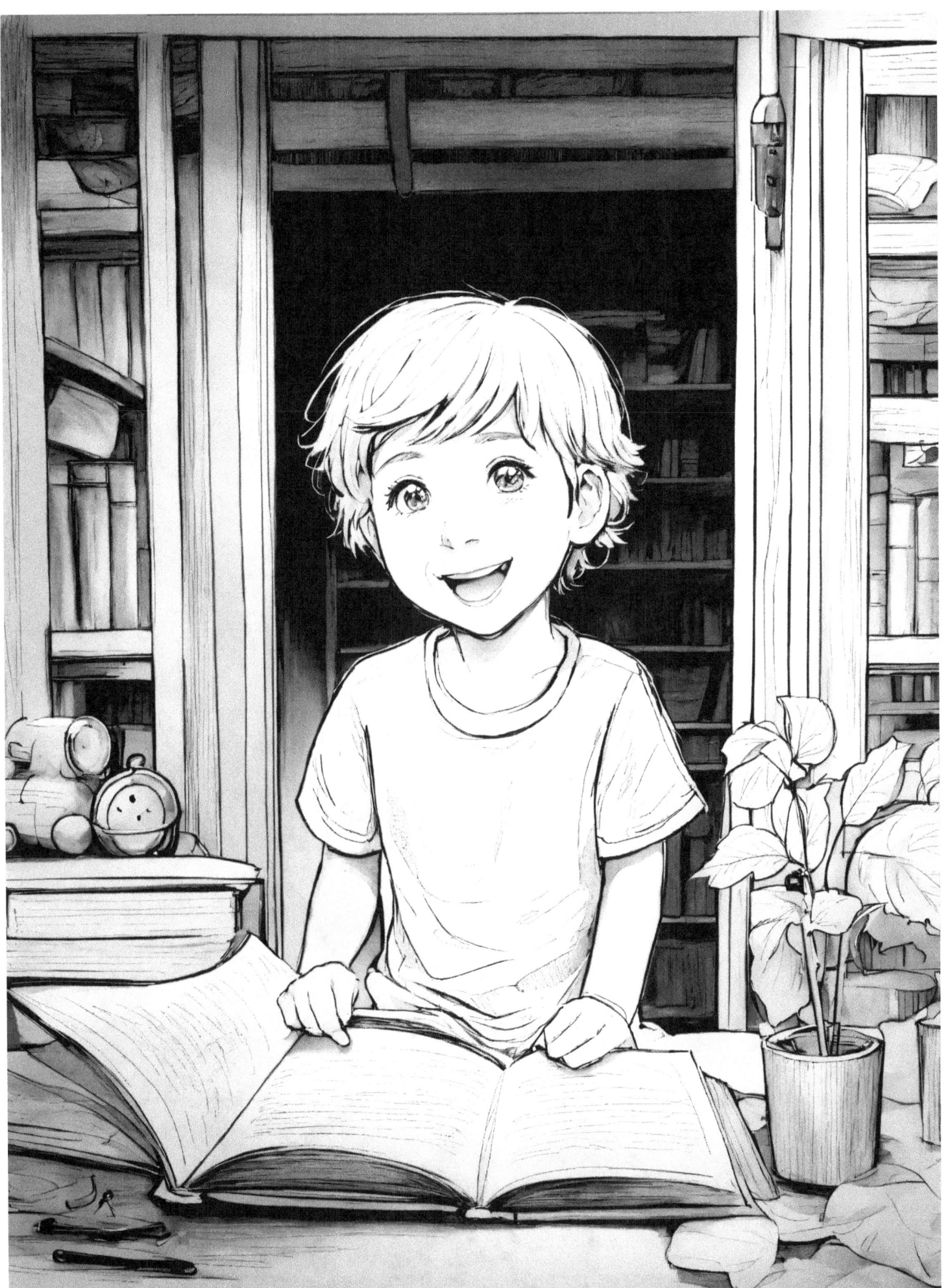

MENINO

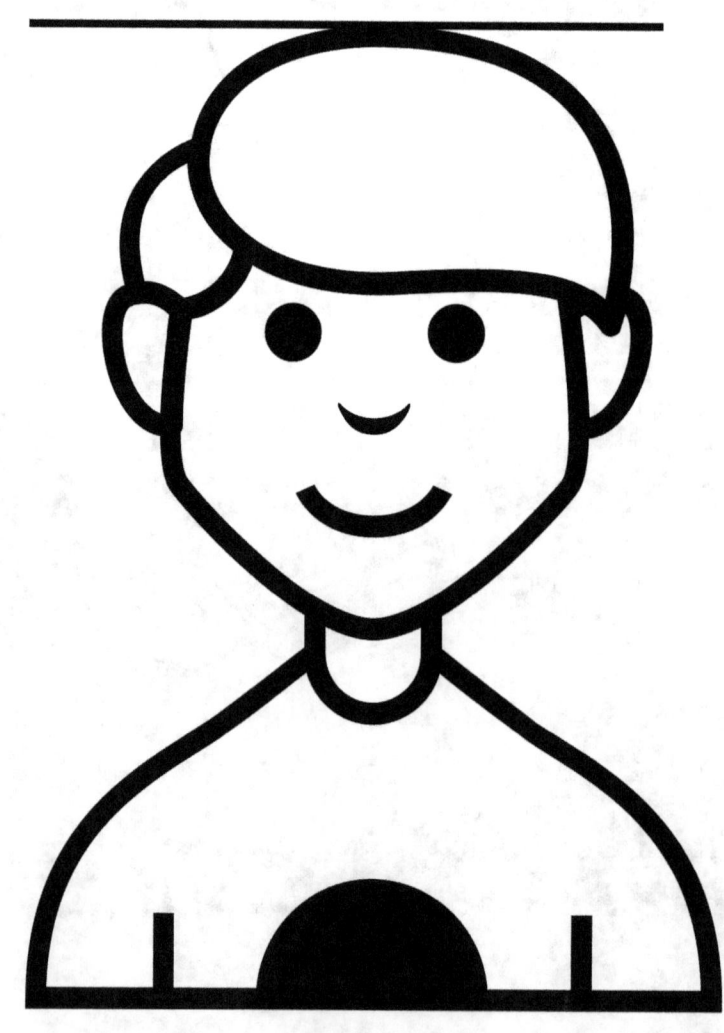

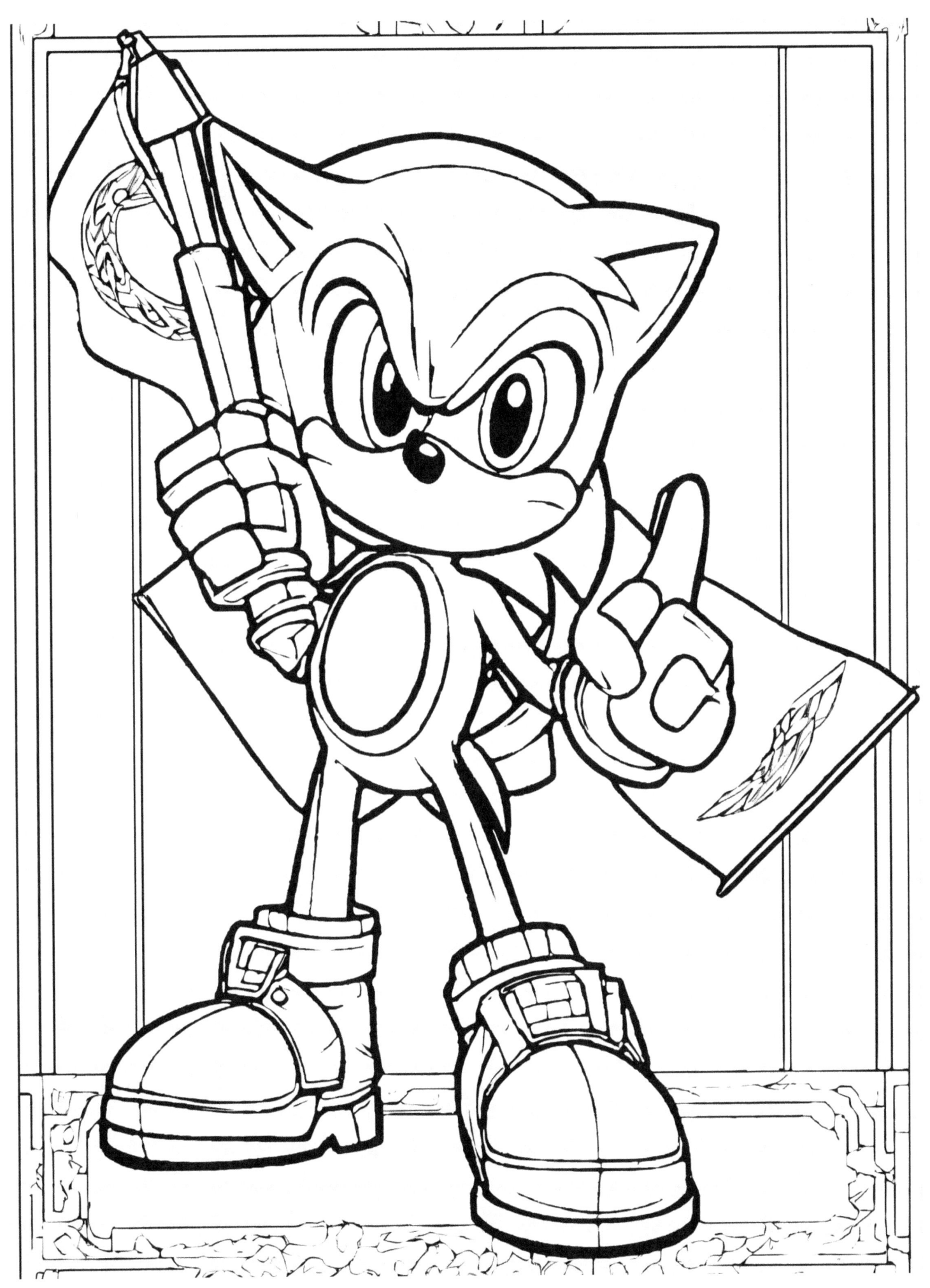

SUPERSÔNICO

_____

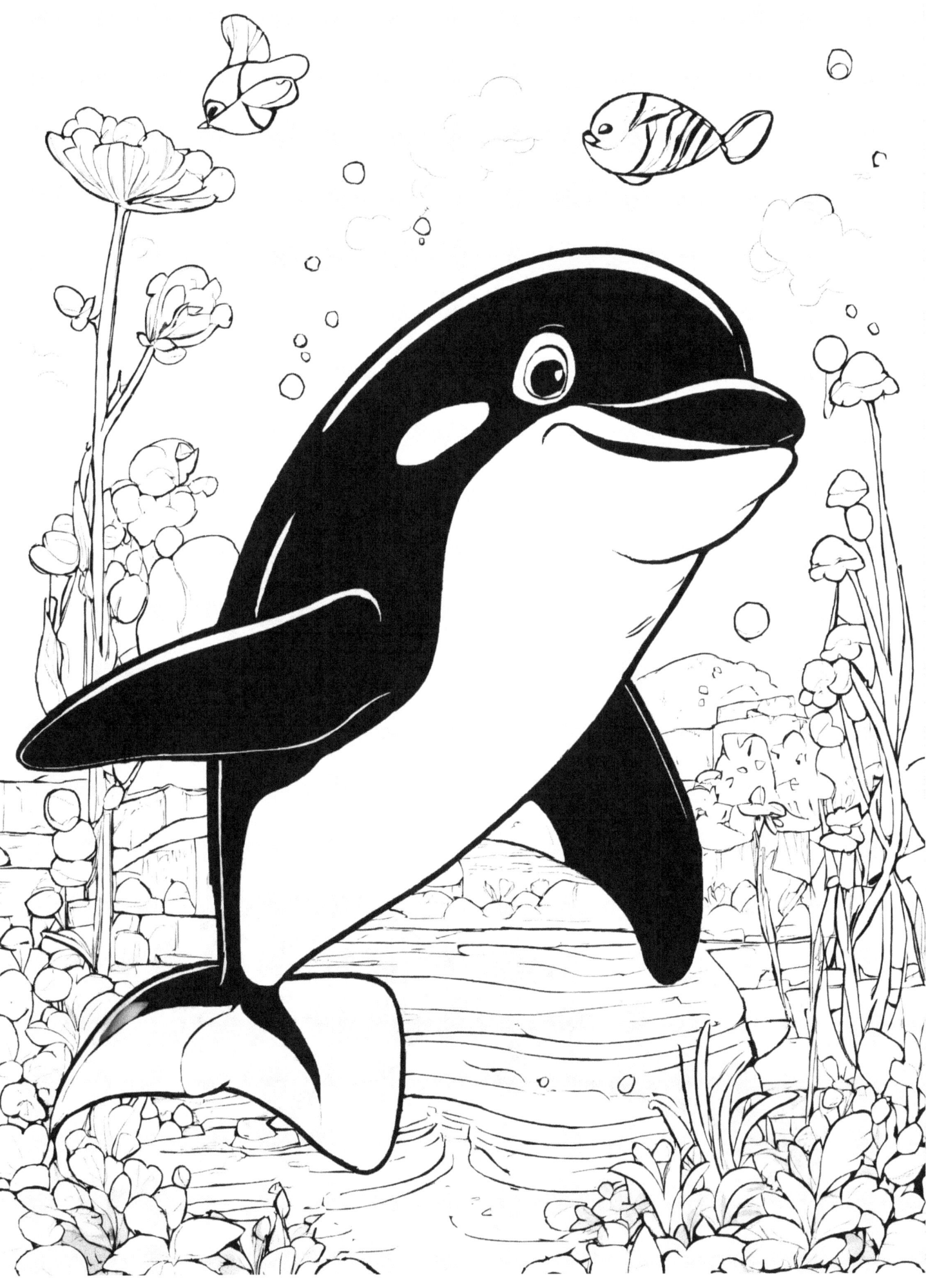

ORCA

_____

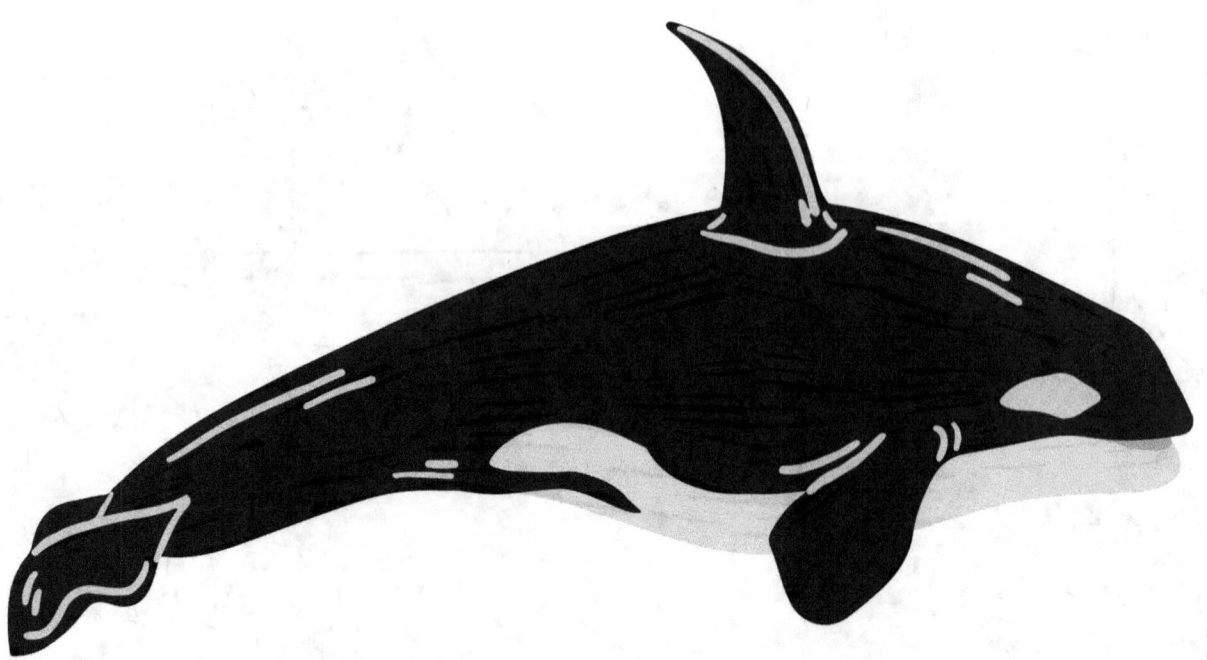

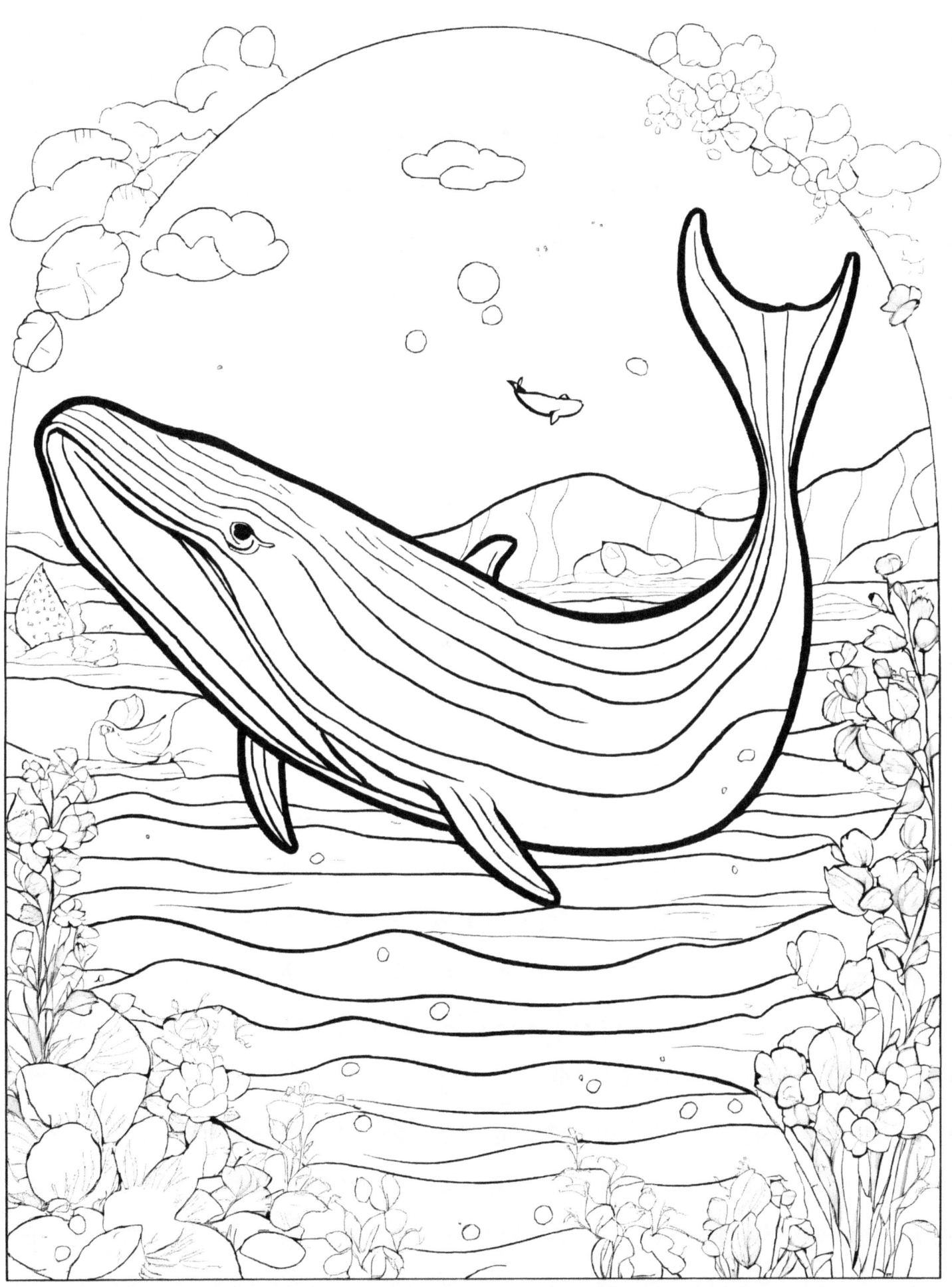

BALEIA

_____

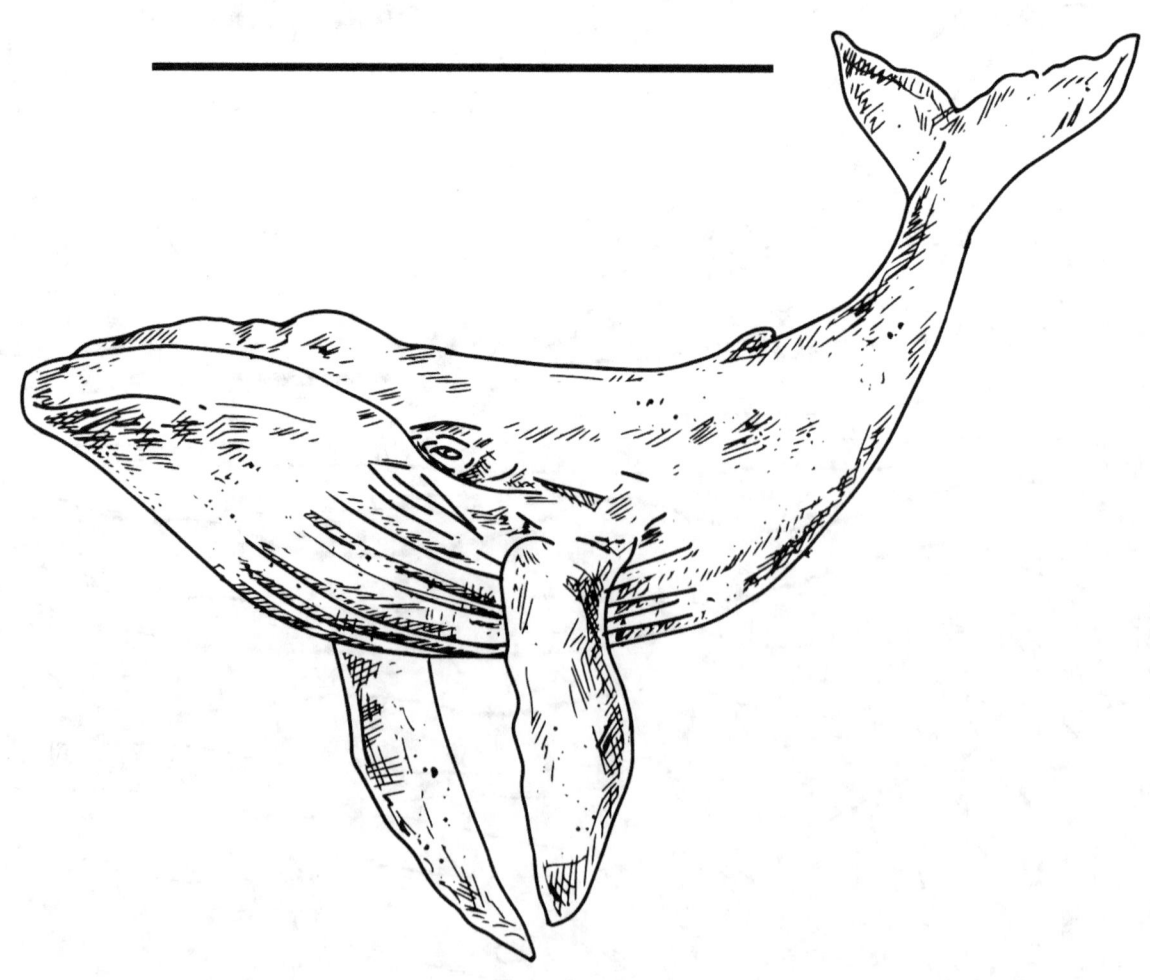

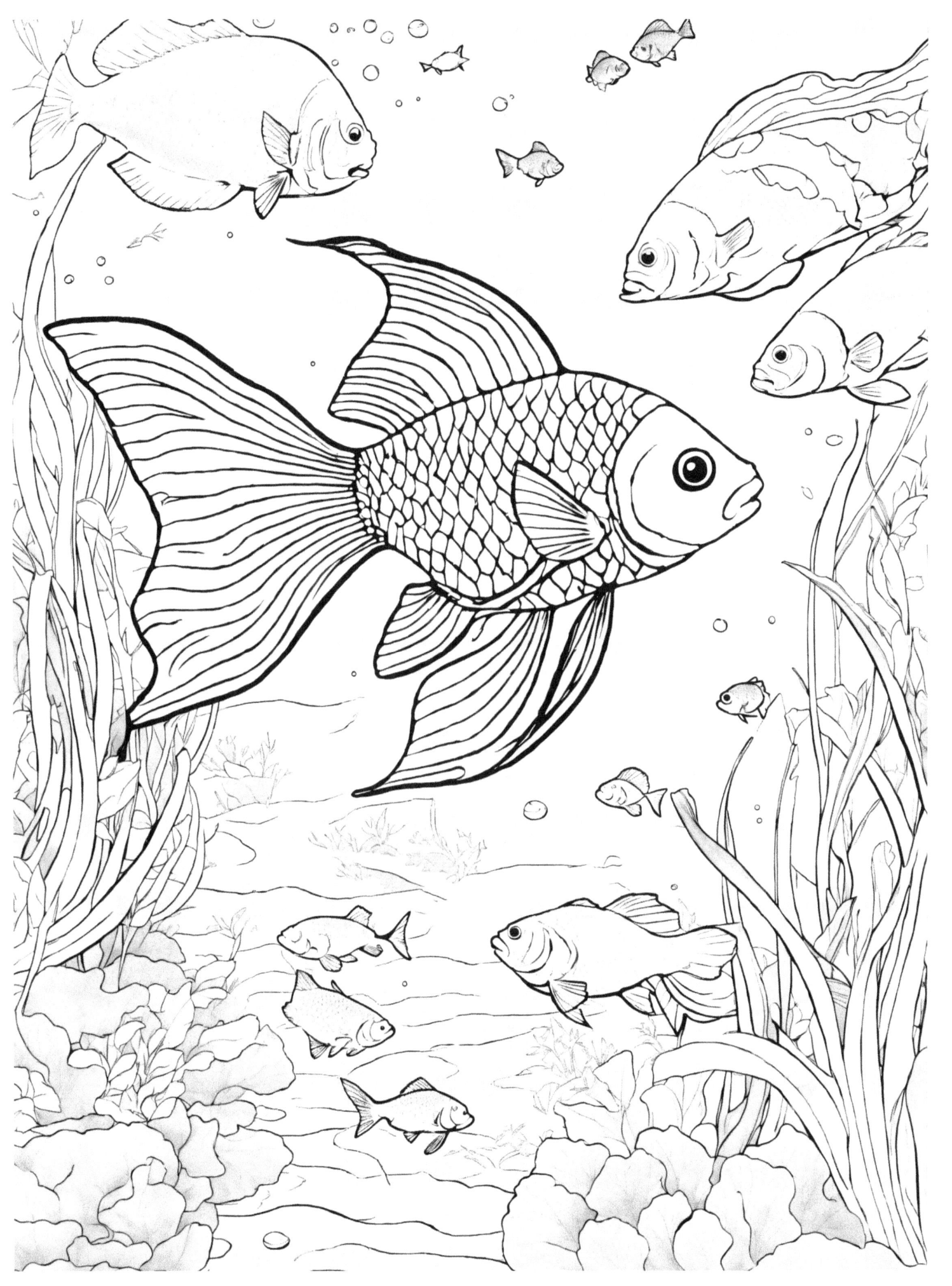

PEIXE

_____

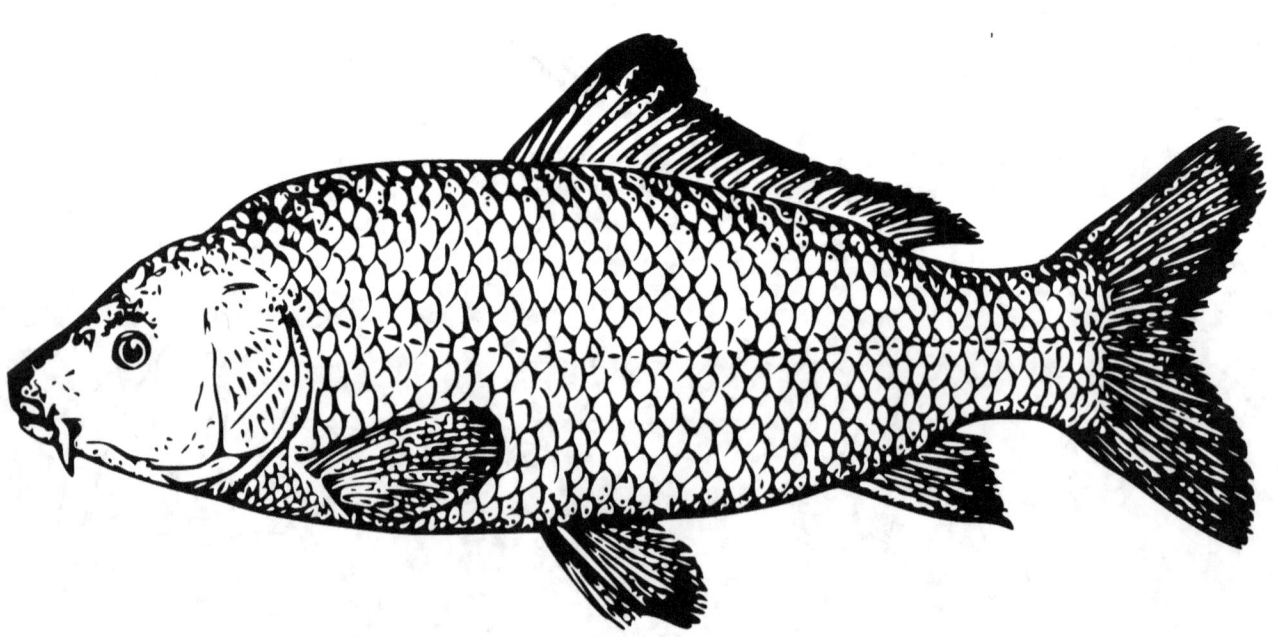

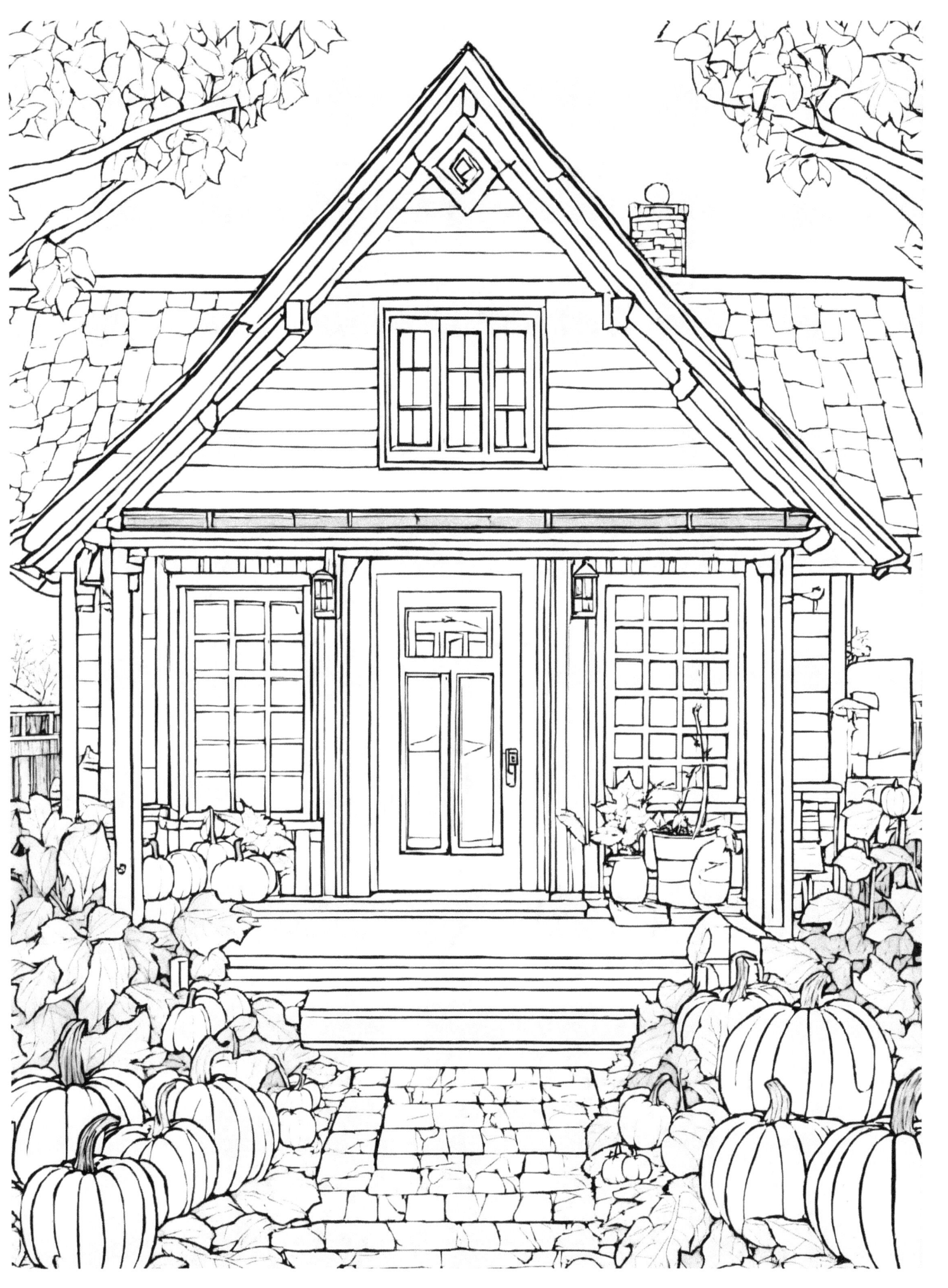

CASA

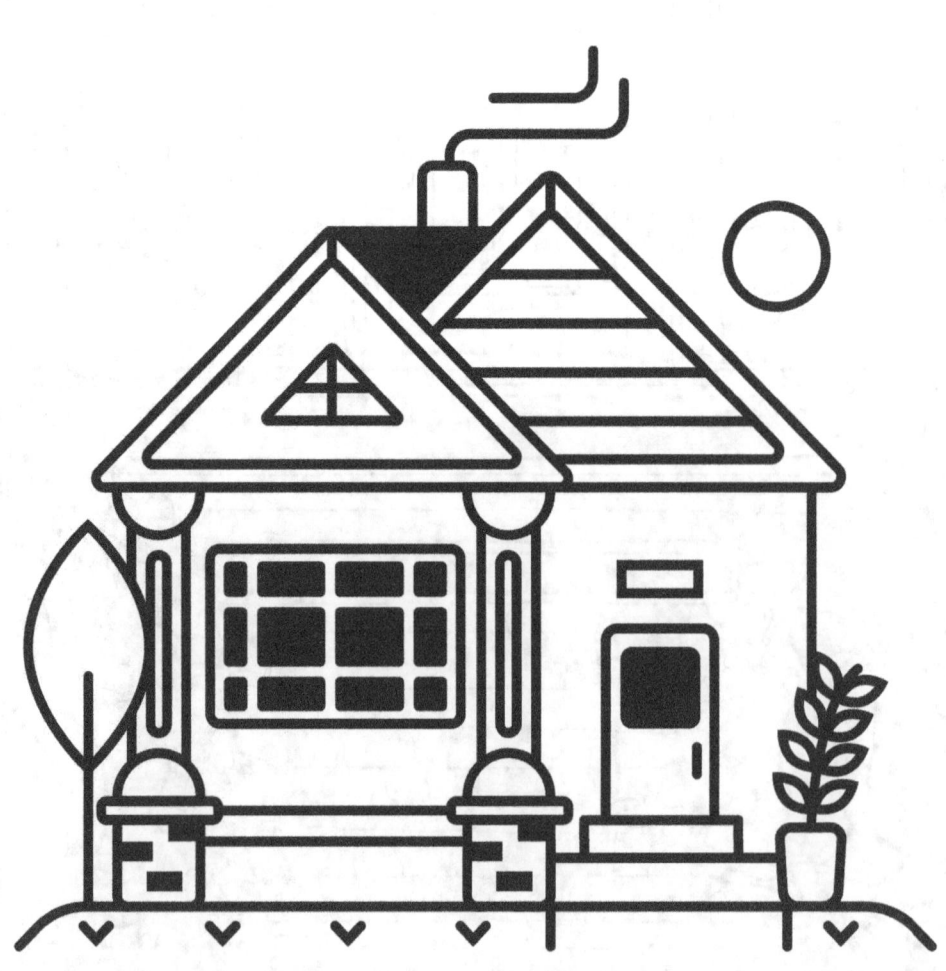

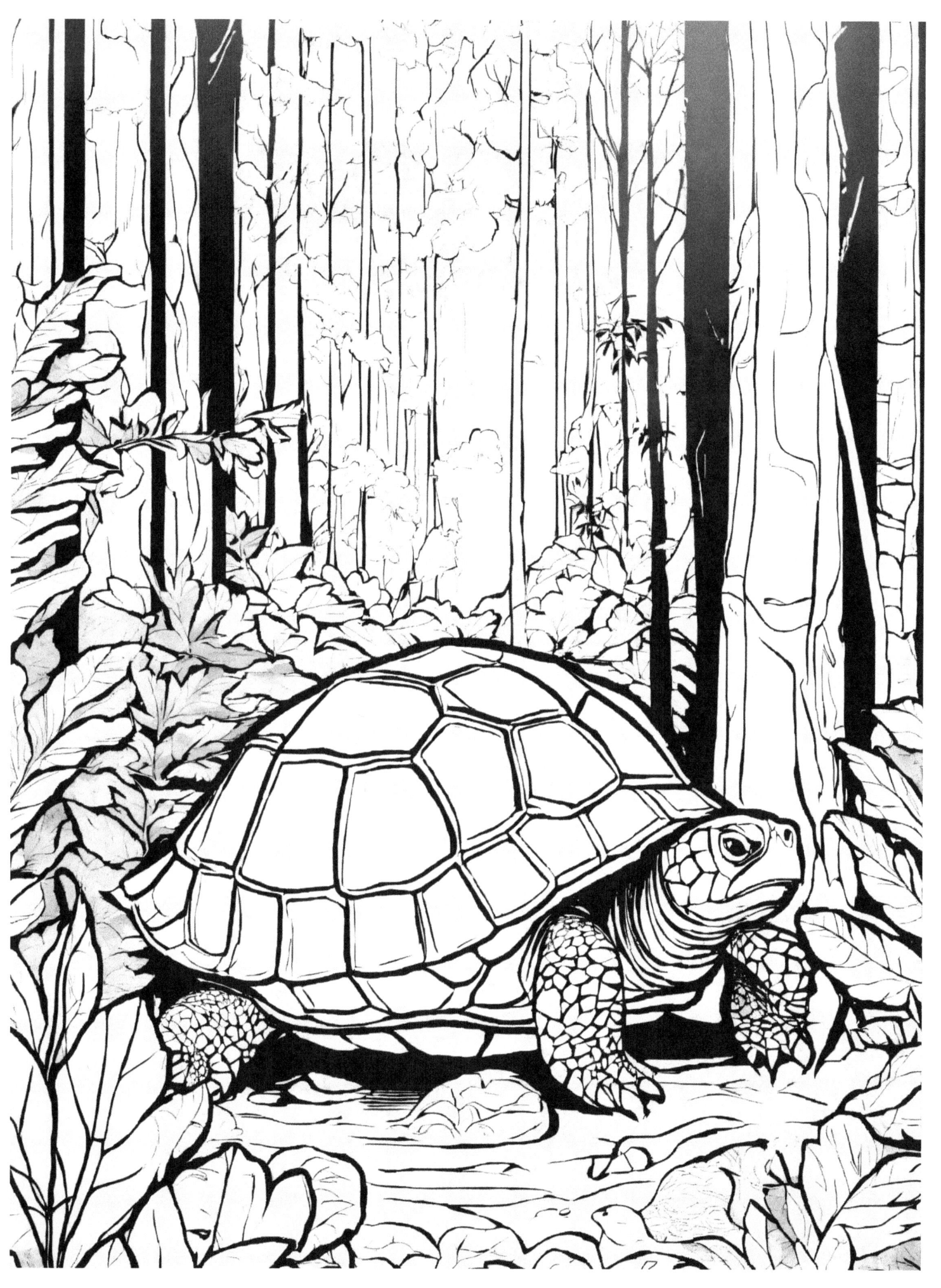

JABUTI

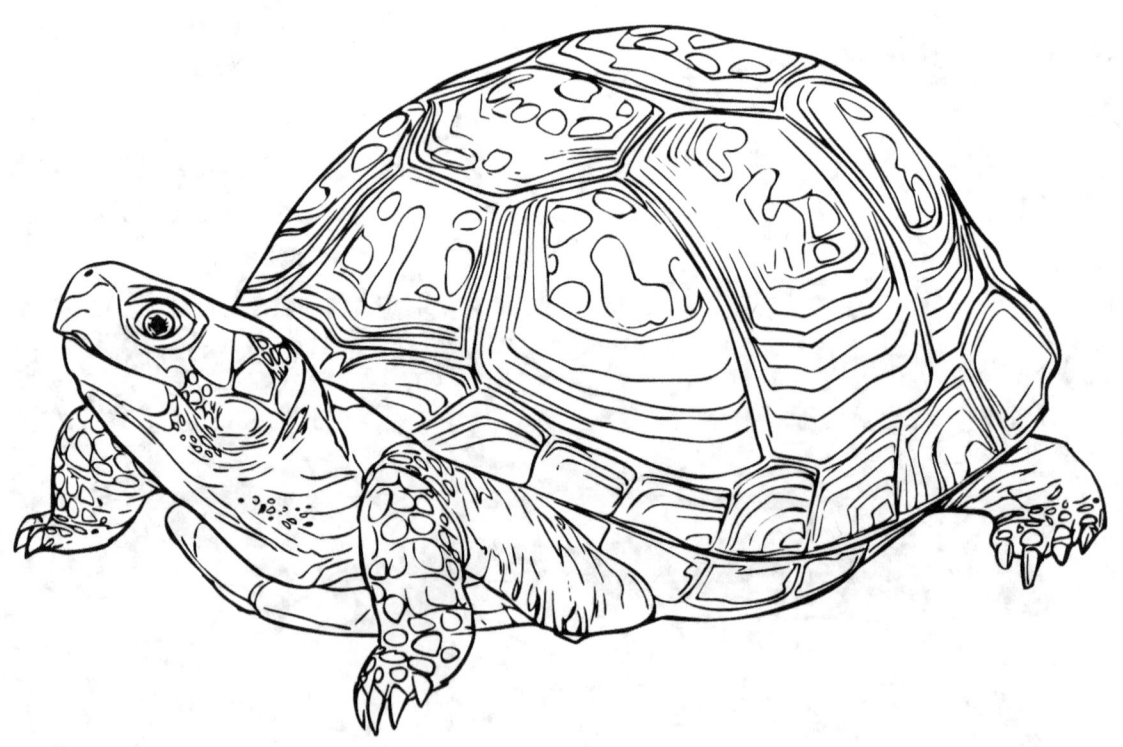

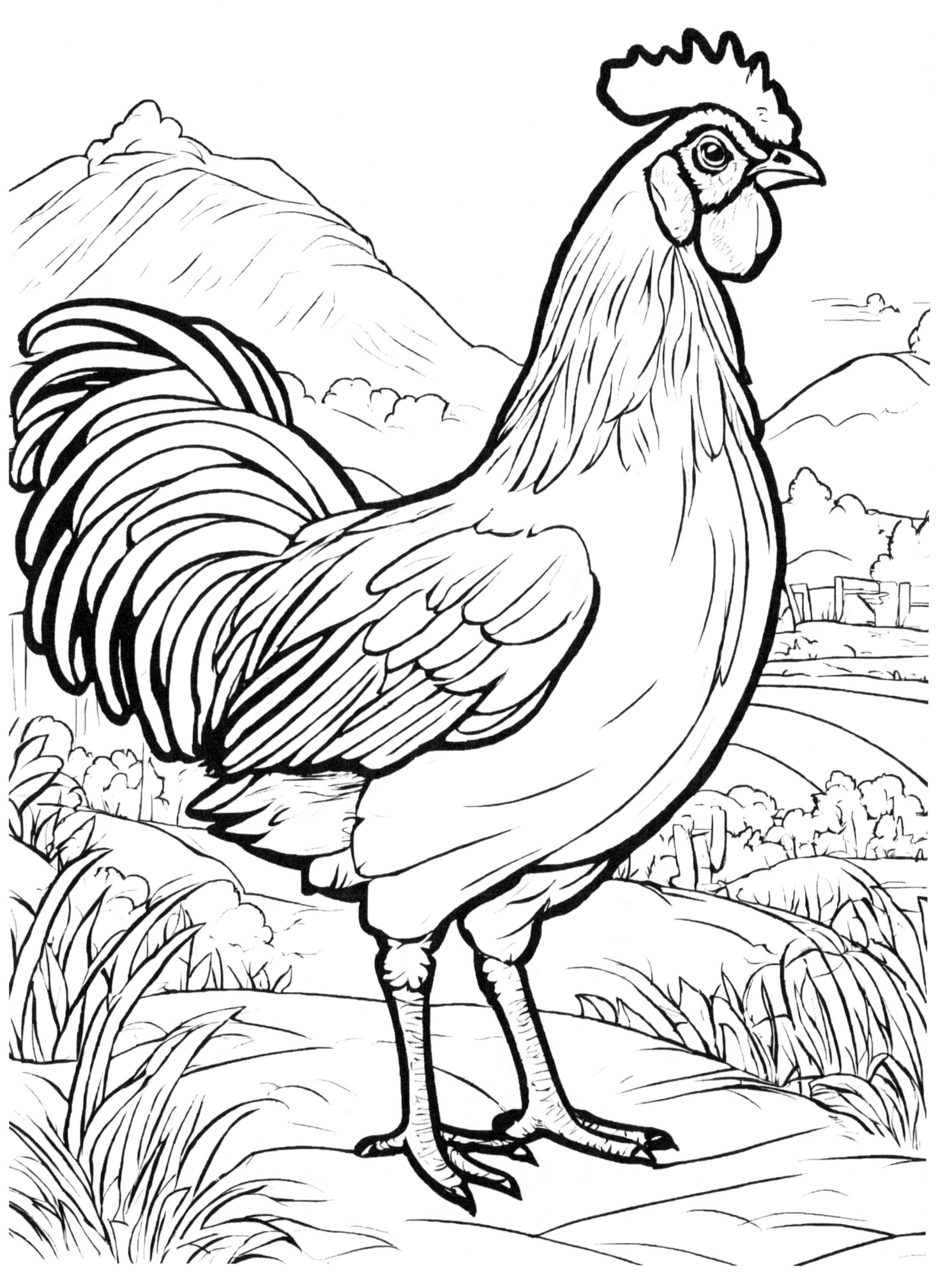

GALINHA

_____

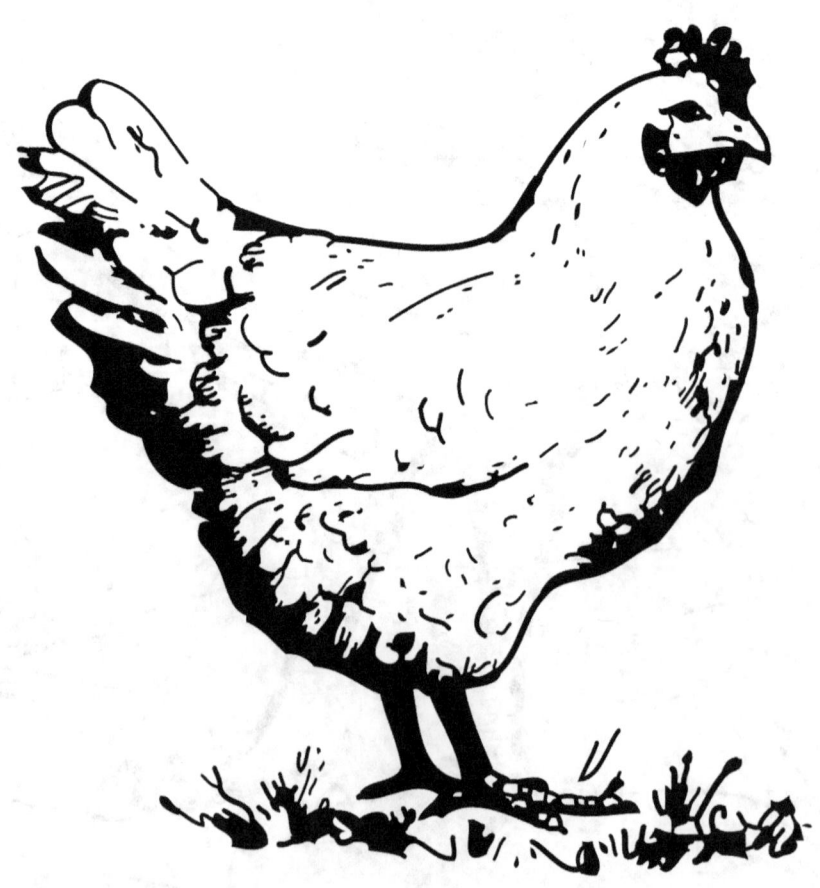

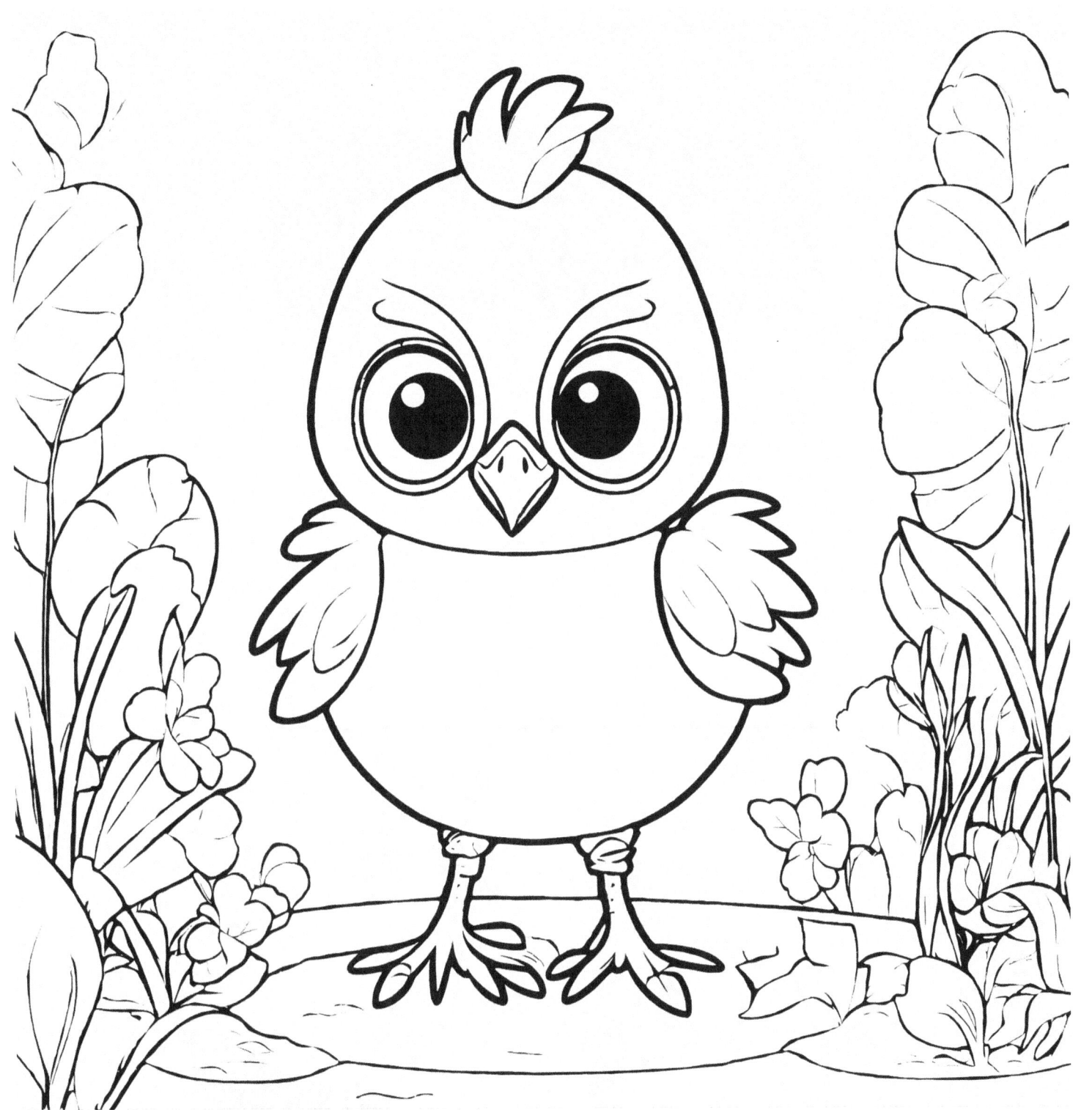

PINTINHO

_____

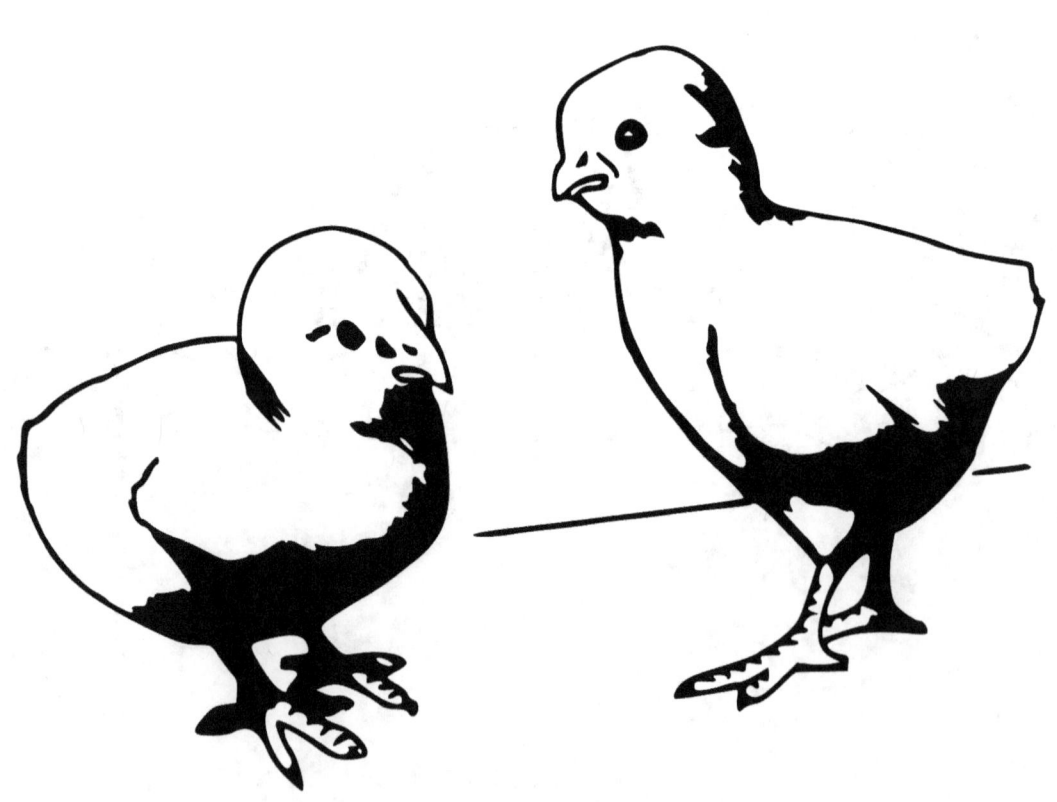

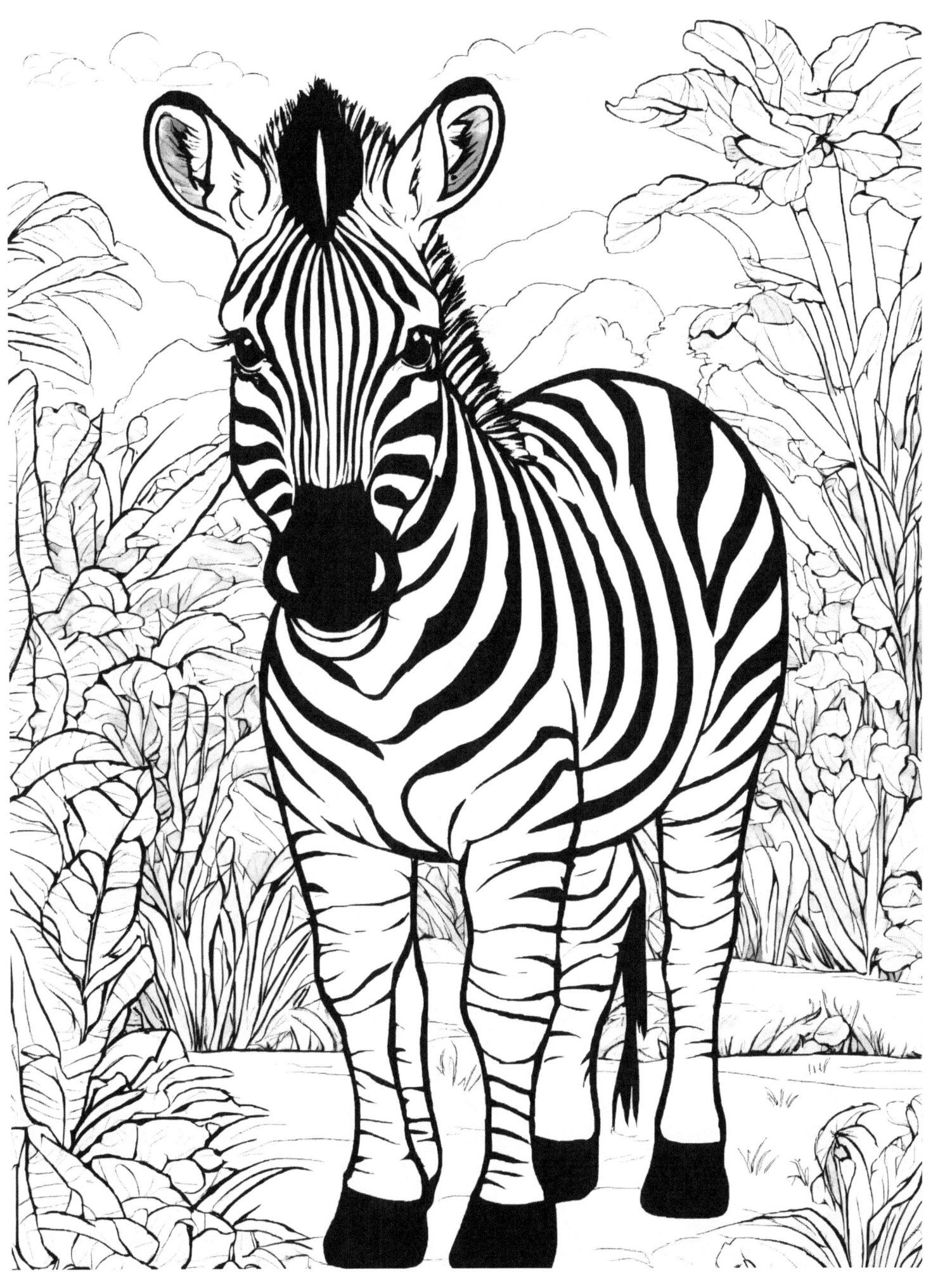

ZEBRA

———————

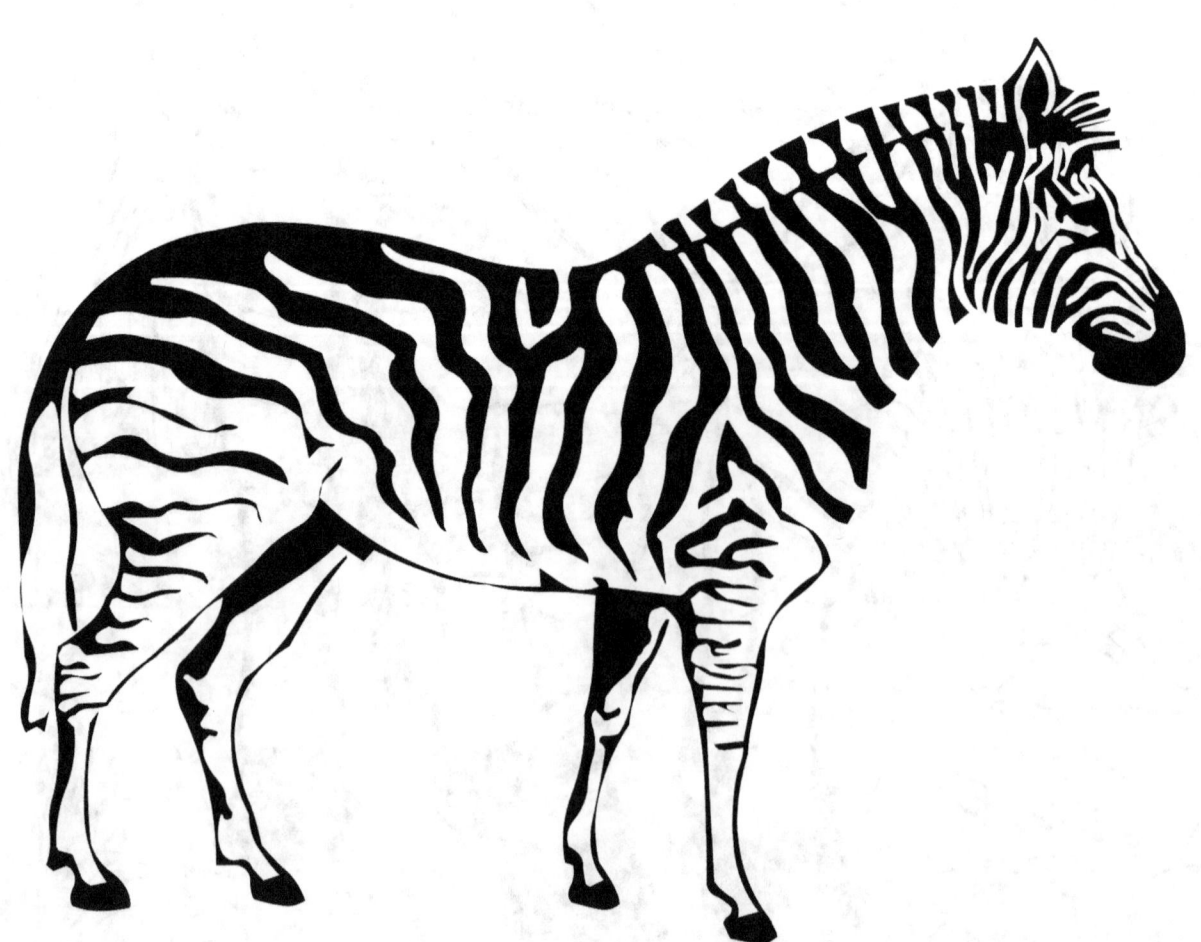

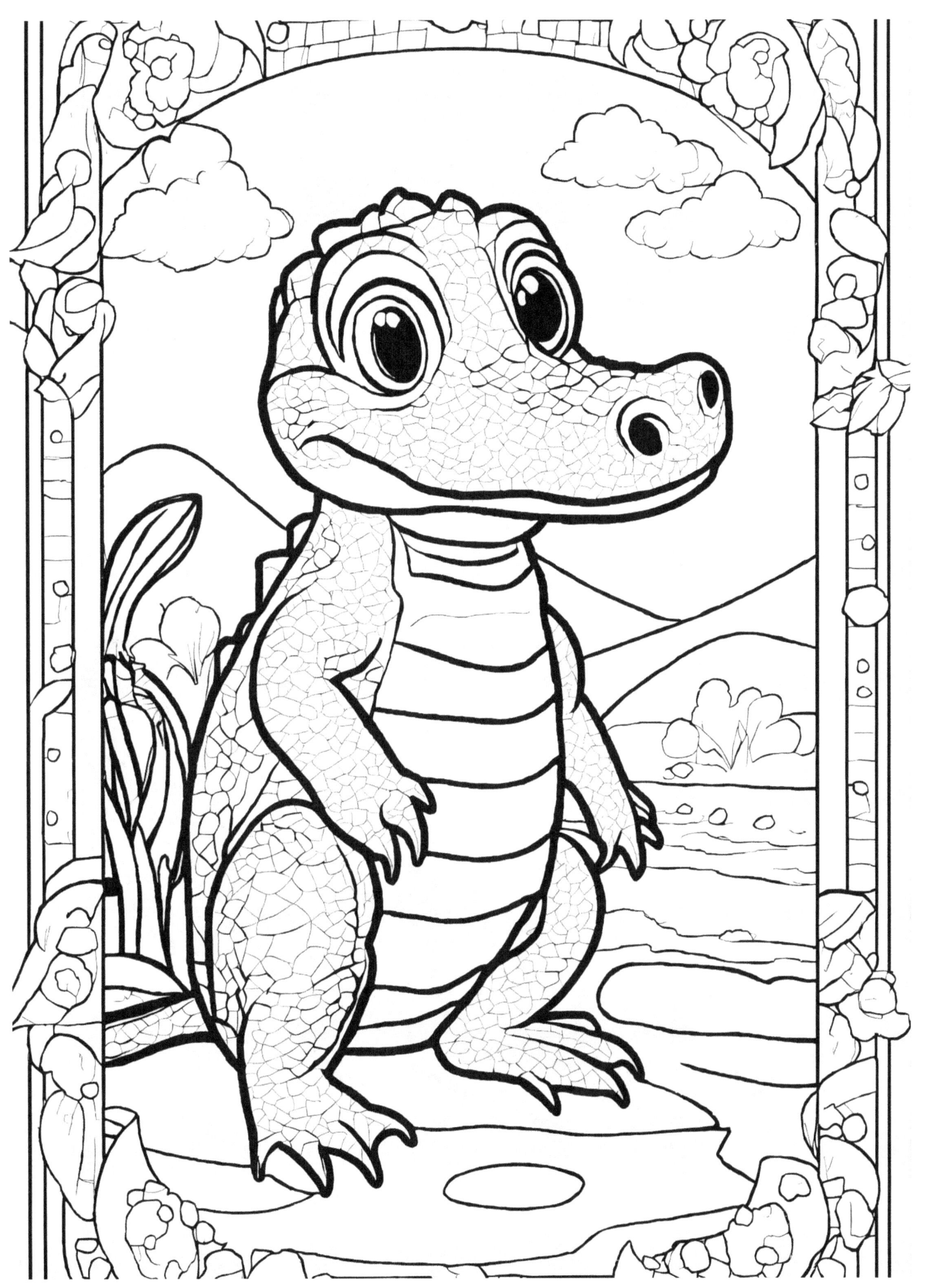

JACARÉ

_____

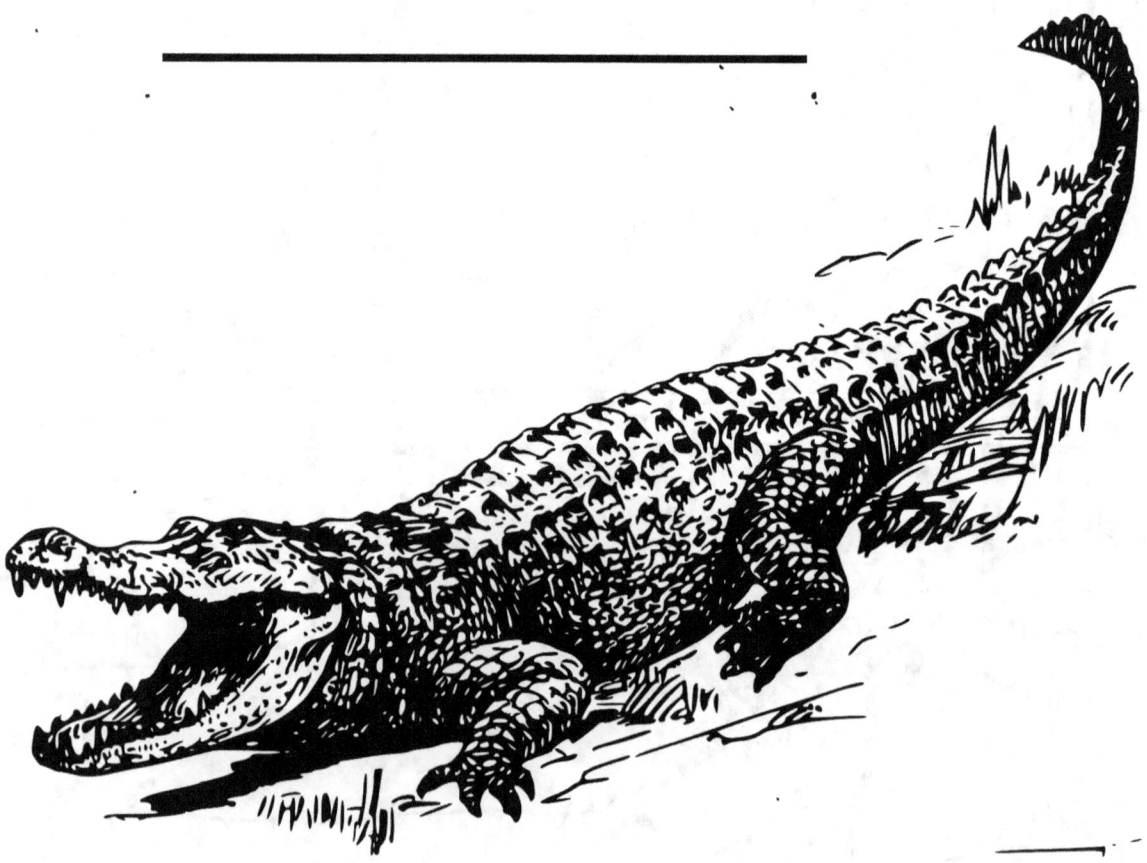

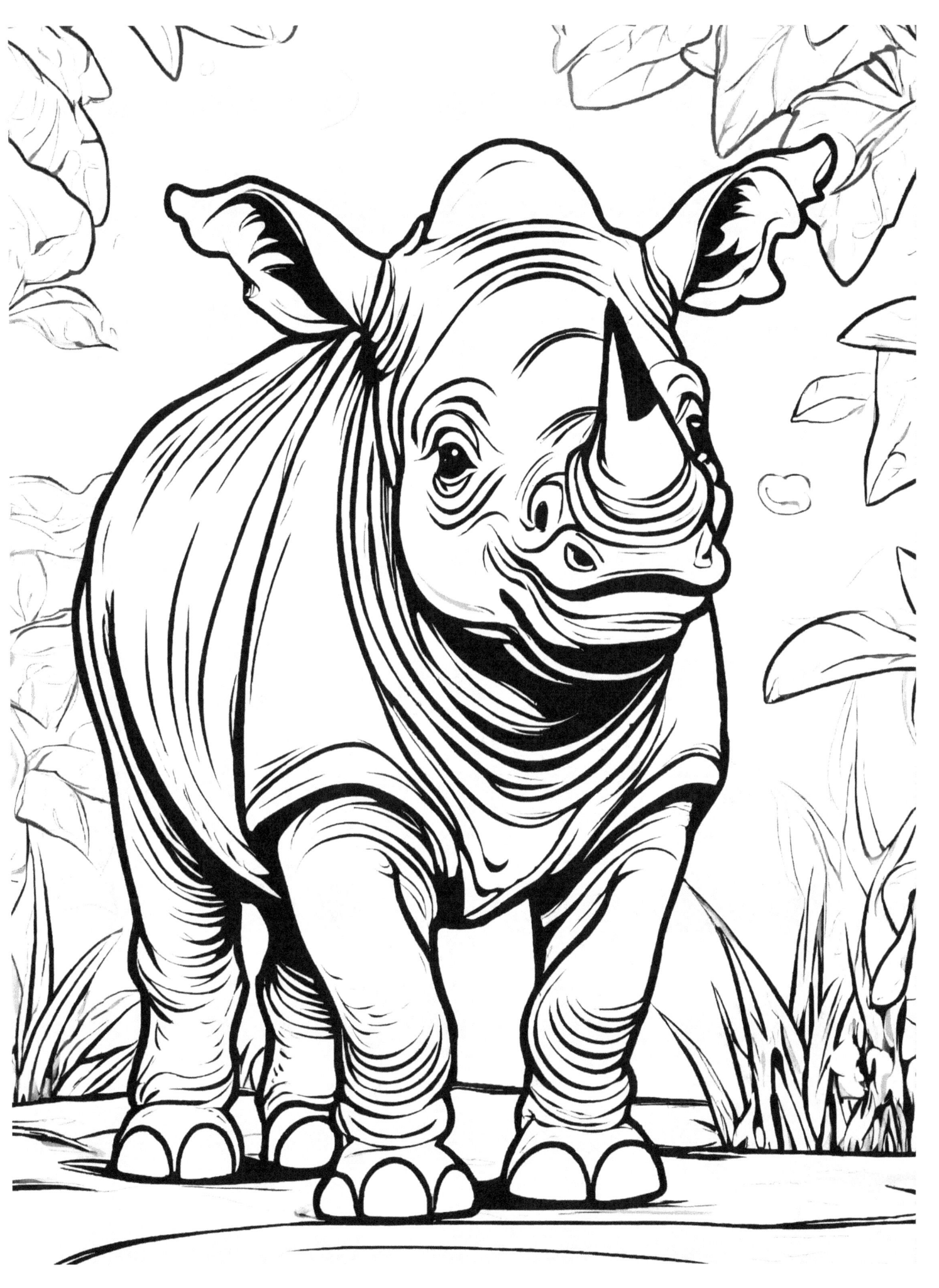

RINOCERONTE

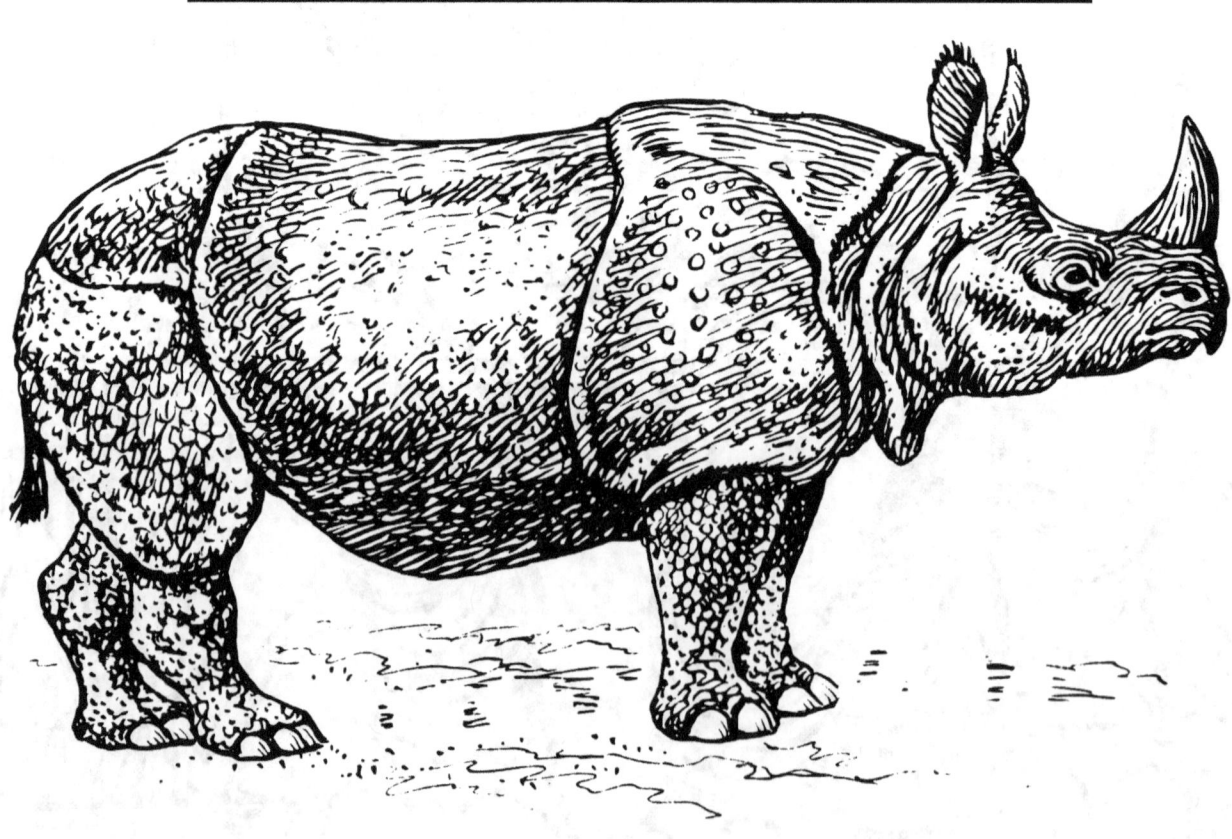

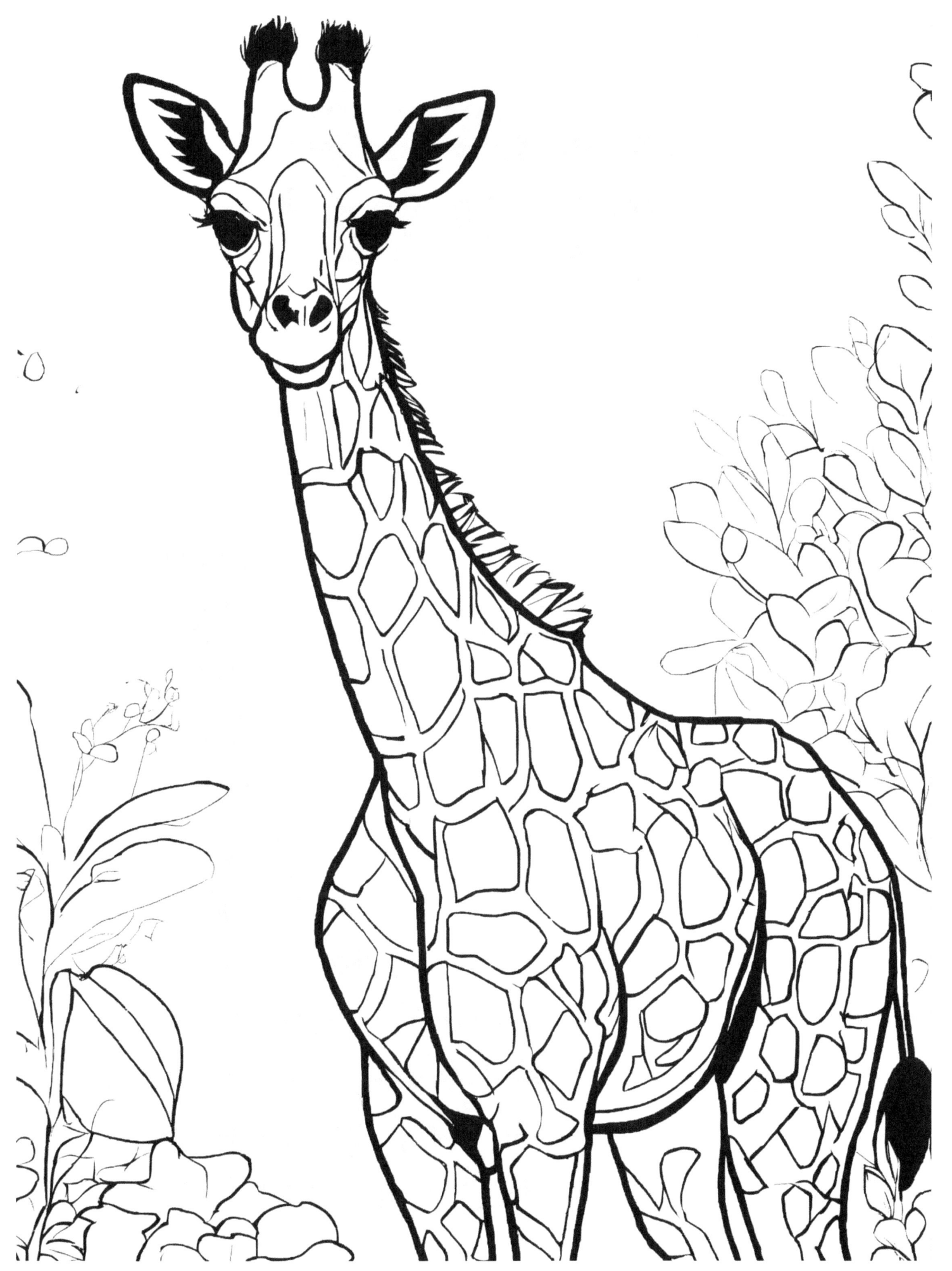

www.ingramcontent.com/pod-product-compliance
Lightning Source LLC
Chambersburg PA
CBHW062227220526
45471CB00009B/3380